発達障害のある 大学生の アセスメント

理解と支援のための実践ガイド

高橋知音・佐々木銀河・中野泰伺

[編著]

金子書房

はじめに

　障害者差別解消法が施行され，全国の高等教育機関で不当な差別的取り扱いの禁止ならびに合理的配慮の提供が法的義務となった。適切な合理的配慮ならびに修学支援の提供には，関連する機能障害のアセスメントが不可欠である。本書では，社会モデルに基づき修学支援の対象となる発達障害の定義を再考し，発達障害のある学生の支援におけるアセスメントの重要性と役割を，初めて発達障害のある大学生に関わる人にもわかりやすく解説する。各機能障害に関連した支援ニーズを取り上げ，初回相談からアセスメント，オーダーメイドな支援までどのようにつなげていくか，実際に現場で支援に携わっている執筆者が事例を交えて紹介する。

　発達障害のある学生の支援におけるアセスメントは，聴き取り，観察，検査等を含む包括的な学生理解のプロセスである。アセスメントなしに効果的な支援を行うことは不可能といってよいだろう。しかし，現実には診断カテゴリーや表面的な困難のみに注目し，内容が十分に吟味されないまま支援が提供されることも少なくない。そのような問題意識のもと，本書は発達障害のある学生の支援に関わる読者が，より効果的な支援を提供できるようになることを願って企画された。

　そのために，第1章では発達障害のある学生についての理解を深める。一般的な発達障害の説明に加え，大学等での学修場面で見られる支援ニーズも紹介されている。発達障害を診断カテゴリーではなく，機能障害と社会的障壁によって生じる生活上の制限と捉える。学生生活における制限によって生じる修学支援ニーズが支援の対象となる。効果的な支援を考えるためには，診断カテゴリーを知ることではなく，機能障害や社会的障壁の状況を正しく把握することから始めなくてはならない。その把握する方法が「アセスメント」である。

　第2章では，発達障害のある学生の支援の文脈におけるアセスメントについて理解を深めるために，基本的な概念整理と国内外の動向を紹介する。海外ではあたり前のように実施されているアセスメントが，日本国内では十

分に行われていない状況は，学生に不利益を生じさせている。アセスメントについて正しく理解するための情報を提供することも本書の目的のひとつである。また，大学等でどのようにアセスメントを実施できるようにしていくか，体制整備に役立つ情報も提供する。

　第3章では，アセスメントの具体的な方法について紹介する。発達障害のある大学生を対象に利用可能な検査の紹介に加え，面接・聴き取りを通したアセスメントや，結果のフィードバックの仕方についてもふれる。

　第4章では，アセスメントに基づいた支援をテーマに，合理的配慮，スタディスキル・コーチング，支援技術について解説する。合理的配慮については，アセスメント結果を根拠資料として用いることもある。とりわけ入試における根拠資料としての活用についても，国内外の例を取り上げ，詳しく紹介する。また，支援に関しては，大学等の多くの部署が関わる。そこで，大学等に設置されている相談・支援部署の紹介と支援者間の連携についても解説する。

　第5章では，アセスメントに基づいた架空の支援事例を紹介する。第4章までに示された情報を統合し，アセスメントの結果を活かしたオーダーメイドの支援がどのように提供されるか，理解を深めることができる。

　本書はそれぞれのテーマについて，各領域の研究者，実践家に執筆を依頼し，簡潔にまとめていただいた。そのため，全体を通読するだけでなく，関心のあるテーマについて事典のように読んでいただいてもよいだろう。発達障害のある学生の支援に関わる方はもちろん，大学等の教職員，発達障害がある人への支援に関心がある学生・大学院生，医療や福祉の関係者の方にとっても役立つ情報がまとめられている。

　本書が，発達障害のある学生の支援に役立つ情報を提供し，結果として学生達が自身の能力を伸ばし，次のステップへと進んでいく一助となることを期待している。

　　　2024年1月

　　　　　　　　　　　　　　　　　　　　　　　　　　編者一同

目 次

本書で使用した主な略語一覧

AASP	Adolescent/Adult Sensory Profile	青年・成人感覚プロファイル
ADD	Attention Deficit Disorder	注意欠陥障害
ADHD	Attention-Deficit/Hyperactivity Disorder	注意欠如多動症
ADHD-RS	ADHD Rating Scale	ADHD 評価スケール
ADOS-2	Autism Diagnostic Observation Schedule Second Edition	自閉症診断観察検査第 2 版（エードス・ツー）
APA	American Psychiatric Association	米国精神医学会
APA	American Psychological Association	米国心理学会
AQ	Autism-Spectrum Quotient	自閉症スペクトラム指数
ASD	Autism Spectrum Disorder	自閉スペクトラム症
ASEBA	Achenbach System of Empirically Based Assessment	アッケンバック実証に基づく評価システム（アセバ）
AT	Assistive Technology	支援技術
BADS	Behavioural Assessment of the Dysexecutive Syndrome	遂行機能障害症候群の行動評価
BDI-II	Beck Depression Inventory - Second Edition	ベック抑うつ質問票
BGT	Bender Gestalt Test	ベンダーゲシュタルトテスト
BVRT	Benton Visual Retention Test	ベントン視覚記銘検査
CAARS	Conners' Adult ADHD Rating Scales	コナーズ成人 ADHD 評価スケール（カーズ）
CAT	Clinical Assessment for Attention	標準注意検査法
CD	Communication Disorders	コミュニケーション症群
CLAS	College Life Anxiety Scale	大学生活不安尺度（クラス）
CPT	Continuous Performance Test	持続的作業課題 / 連続課題遂行検査
DCD	Developmental Coordination Disorder	発達性協調運動症
DLD	Developmental Language Disorders	言語発達障害
DSA	Disabled Students' Allowance	（英）障害学生手当
DSM	*Diagnostic and Statistical Manual of Mental Disorders*	『精神疾患の診断・統計マニュアル』

EF	Executive Function　実行機能
FD・SD	Faculty Development/Staff Development　教員・職員能力開発
FEP	Frontal/Executive Program　前頭葉・実行機能プログラム
GPA	Grade Point Average　評定平均値
IAT	Internet Addiction Test　インターネット依存度テスト
ICD	International Classification of Diseases　国際疾病分類
ICF	International Classification of Functioning, Disabilities and Health　国際生活機能分類
ICIDH	International Classification of Impairments, Disabilities and Handicaps　国際障害分類
ICT	Information and Communication Technology　情報通信技術
IDD	Intellectual Developmental Disorder　知的発達症
IQ	Intelligence Quotient　知能指数
IVA-CPT	Integrated Visual and Auditory Continuous Performance Test　視聴覚統合型・持続的作業課題 / 視聴覚統合型・連続課題遂行検査
JASSO	Japan Student Services Organization　日本学生支援機構
KABC-II	Kaufman Assessment Battery for Children Second Edition　KABC-II
M-ABC2	Movement Assessment Battery for Children Second Edition　M-ABC2
MD	Motor Disorders　運動症群
ND	Neurodiversity　ニューロダイバーシティ
NIMH	National Institute of Mental Health　（米）国立精神衛生研究所
PARS-TR	Parent-interview ASD Rating Scale-Text Revision　親面接式自閉スペクトラム症評定尺度 テキスト改訂版（パース・ティーアール）
QOL	Quality of Life　生活の質
RaWF	Reading and Writing Fluency task　読字・書字課題（ローフ）
RaWSN	Reading and Writing Support Needs scale　読み書き支援ニーズ尺度（ロースン）

RCPM	Raven's Coloured Progressive Matrices	レーヴン色彩マトリックス検査
ROCFT	Rey-Osterrieth Complex Figure Test	Rey-Osterrieth 複雑図形検査
RTI	Response to Intervention	介入・支援への反応
SADS	Social Anxiety Disorder Scale	社交不安障害検査
SCTAW	Standardized Comprehension Test of Abstract Words	標準抽象語理解力検査
SD	Standard Deviation	標準偏差
SLD	Specific Learning Disorder	限局性学習症
SLI	Specific Language Impairment	特異的言語発達障害
SPCD	Social [Pragmatic] Communication Disorder	社会的（語用論的）コミュニケーション症
SpLD	Specific Learning Difficulties	特異的学習困難
STAI	State-Trait Anxiety Inventory	状態−特性不安検査
STRAW-R	Standardized Test for Assessing Reading and Writing (Spelling) Attainment of Japanese Children and Adolescents	改訂版 標準読み書きスクリーニング検査（ストロー・アール）
TMT	Trail Making Test	トレイル・メイキング・テスト
UD	Universal Design	ユニバーサルデザイン
UPI-RS	University Personality Inventory-Rating Scale	評定尺度版UPI
WAIS-IV	Wechsler Adult Intelligence Scale Fourth Edition	ウェクスラー成人知能検査第4版（ウェイス・フォー）
WCST	Wisconsin Card Sorting Test	ウィスコンシンカードソーティングテスト
WHO	World Health Organization	世界保健機関
WMS-R	Wechsler Memory Scale Revised	ウェクスラー記憶検査

高等教育機関における
発達障害をめぐる
現状と修学支援ニーズ

高等教育機関では発達障害のある多くの学生が学んでいる。専門領域で高い能力を発揮する学生がいる一方で，多様な支援ニーズがあって学生生活に苦戦している学生もいる。効果的な支援を行う前提として，まずは発達障害や関連する障害についての理解を深める。そして，診断について知るだけではなく，ニューロダイバーシティという視点も加え，多様な学生の修学支援ニーズの理解を深めていくための考え方を提示する。

高等教育機関における
発達障害をめぐる現状と修学支援ニーズ

1 高等教育機関における発達障害をめぐる現状と課題

　日本の大学，短期大学，高等専門学校などの高等教育機関（以下，大学等）における発達障害のある学生は，障害のある学生全体の増加の中でも特にその傾向が顕著であり，日本学生支援機構（以下，JASSO）の 2022（令和 4）年度調査では，障害のある全学生 49,672 人中の 21 ％（四捨五入，以下同）である 10,288 人が発達障害のある学生である。その内訳では，自閉スペクトラム症（ASD）が最も多く 45 ％，注意欠如多動症（ADHD）が 33 ％，限局性学習症（SLD）が 2 ％となっている。一方で発達障害のある学生の約 19 ％がそれらの重複であり，また発達障害のある学生の 5 ％が精神障害との重複であることがわかっている。さらに大学等における発達障害のある学生の 70 ％の 7,164 名が何らかの修学上の支援を受けている（図 1-1-a；日本学生支援機構，2023）。

　さて，大学等において発達障害のある学生を適切に支援していくには解決しなければならない多くの課題がある。第一に挙げられるのが，発達障害のある学生に対する合理的配慮の判断の難しさである。一言で発達障害といっても，個々の学生の状況は多様である。さらに専攻領域におけるカリキュラムも多様なため，社会性の欠如やこだわり等が特性である発達障害のある学生に対し適切な合理的配慮を提供することは簡単ではない。JASSO の 2022（令和 4）年度調査では，実際の授業支援で多いのは「配慮依頼文書の配付」（76 ％），「講義に関する配慮」（51 ％），「学習指導」（40 ％）などであり，授業以外の支援では，「専門家によるカウンセリング」（73 ％），「自己管理指導」（50 ％），「対人関係配慮」（42 ％）などとなっている（JASSO，2023）。特に，授業以外のパーソナルな支援がどこまで修学上の合理的配慮と見なせるのか，判断に苦慮するケースは極めて多いと思われ

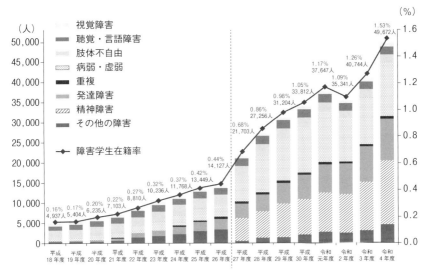

図 1-1-a　障害のある学生の在籍数の推移（日本学生支援機構，2023）
https://www.jasso.go.jp/statistics/gakusei_shogai_syugaku/index.html
［2023 年 12 月 8 日閲覧］

る。

　次に課題として取り上げられることが多いのは，発達障害の医学的診断は
ないものの何らかの支援を要する，いわゆるグレーゾーンの学生，別の言い
方をすれば「診断のない，要配慮・支援学生」に対する取り扱いである。か
ねてより，欧米の大学と比較して日本の大学等では障害のある学生の総数
や，その中における発達障害のある学生の数が極めて少ないことが指摘され
ている（Kondo, Takahashi, & Shirasawa, 2015; 日本学生支援機構，
2023）。文部科学省の調査によれば，通常学級に在籍する発達障害の可能
性のある特別な教育支援を必要とする児童生徒は 8.8 ％に上るという調査
結果（文部科学省，2022）があることを考慮すると，日本の大学等では現
状では未診断の発達障害のある学生が多く含まれ，今後この数が次第に増加
していくことが予想される。

　ところで発達障害のある学生のキャリア支援も，大学等における大きな課
題のひとつである。JASSO（2022）による日本の大学等における進路状

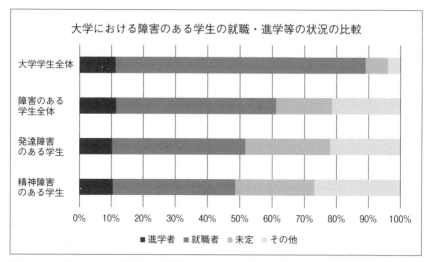

図 1-1-b　障害のある学生の進路状況（文部科学省，2020；日本学生支援機構，2022
をもとに作成）

況を，学校基本調査（文部科学省，2020）をもとにした一般学生のそれと
比較してみると，一般学生の就職率は 78 ％であるのに対し，障害のある学
生のそれは，全体で約 50 ％と一般学生よりも少なく，発達障害のある学生
や精神障害のある学生では約 40 ％と，さらに低下している。また，進路の
決まらない「未定」で表した，就職も進学もしない学生が発達障害のある学
生では 26 ％と一般学生に比較し極めて多い（図 1-1-b）。発達障害のある
学生の就職が難しい理由としては，発達障害の特性に起因する主体的な職業
選択の難しさや，見えない暗黙のルールが多い就職活動そのものの難しさに
あるといわれることが多い。また，就労を継続することそのものの困難さも
指摘されることが多い。日本では，決まった業務に特化したジョブ型雇用で
はなく，メンバーシップ型雇用が多いため，就職後は様々な仕事を遂行する
ことが求められる場合も多い。また職場以外での人間関係も深くなることが
期待されることも多く，これが就労面の評価にフィードバックされることも
意識されるされないは別として，現実的にはありえる状況である。発達障害
のある人にとっては，こういった形態の就労は困難であることが多く，加え
て職場における発達障害に対する理解が不十分であると，仕事や人間関係が

うまくいかなくなり，職場の中で孤立しがちとなる。現在一部の大学等では企業や関連機関などと連携するなどし，発達障害のある学生に対する就職支援や職場開拓，障害者向けの就職情報の提供などを試みているが，まだまだ課題は多い。

（竹田一則）

2 発達障害および関連する障害の理解と修学支援ニーズ

　発達障害といっても，発達障害の分類は多岐にわたっているうえ，時代の変遷に伴って少しずつ変化してきている。米国精神医学会（APA）が発行する『DSM-5-TR 精神疾患の診断・統計マニュアル』では，神経発達症群として，発達障害が位置づけられている。その中でも，ASD，ADHD，SLD の 3 つが，大学等において中心的に取り上げられることが多い。また，神経発達症群の中には，知的発達症（IDD）を含む知的能力障害群，コミュニケーション症群（CD），発達性協調運動症（DCD）を含む運動症群（MD）などがある。これらの障害群は従来の基準では発達障害の概念に含まれていなかったものもあり，医学における発達障害の取り扱いにも変化があることに留意をする必要がある。

　本章では，現在において主要な機能障害として取り上げられることが多い，ASD，ADHD，SLD のそれぞれについて，発達障害の特性ならびに関連する修学支援ニーズについて解説する。また，現在の大学等では十分に取り上げられていない，発達障害と関連する障害の理解として，コミュニケーション症やDCD の特性ならびに関連する修学支援ニーズについても解説する。本章では，機能障害（impairment）と関連する修学支援ニーズ（need）を分けて取り扱っている。この修学支援ニーズは，困難感や困り感とも称されることがある。その理由は，医学的診断基準に基づく診断名は同じ名称であったとしても，人によって障害の表れ方が異なることが挙げられる。また，同じような機能障害であったとしても，大学等における授業や研究等の各種教育活動の違いによっても困難は異なることがありえる。そのため，主として医学的診断基準に基づく機能障害と関連する修学支援ニーズ

を分けて記述することで，大学等において発達障害のある人が，どのような特性によって，どのような社会的障壁と直面するのかを示していきたいと考える。

　大学等に在籍する発達障害のある人とは，現状において，精神医学的な基準に基づいて医師の診断を受けた人を指すことが多い。ただし，複数の発達障害の診断が重複する場合や，発達障害と精神障害が併存する場合もあり，目の前の学生の機能障害を診断名だけで理解することは容易ではない。そして，医師の診断を受けていない人には「障害」がないかというと，必ずしもそうではない。そのような現実を踏まえて，本章では，単純ではない発達障害系の問題についても触れていく。

　大学等において，「障害」のある学生への支援を考えるにあたっては，障害に関して「医学モデル」「社会モデル」「ICF の統合モデル」の考え方が取り上げられる。しかし，機能障害と社会的障壁の関係が一般的にわかりやすい身体障害と比べて，発達障害においては，機能障害と社会的障壁の関係を一見して見定めることが難しい場合も少なくない。その原因のひとつとして，医学的な診断分類にのみ依拠して機能障害を見定めることの限界があるかもしれない。そこで，障害に関する医学モデルと社会モデルについて簡潔に解説した上で，医学的診断に偏重することのリスクを述べる。そして，諸外国における社会運動の一環として生まれた考え方である「ニューロダイバーシティ（neurodiversity）」について解説する。

　本章を読む上で留意するべきポイントがある。それは，これらの障害に関連する概念や考え方のほとんどは諸外国で生まれ，研究者等がそれぞれの文脈において翻訳・輸入してきた経緯があることである。そのため，理論的に整合性のある形で統合することはできていない。例えば，従来は知的障害と呼ばれ，DSM-5-TR では神経発達症のひとつとして知的発達症へ位置づけられる人に対する日本の大学等における対応はほとんど行われていないため，本章では取り扱うことができていない。一方で，大学等において直面する発達障害のある学生は増加しており，様々な言説が広まる中で対応を迫られている現状を踏まえ，大学等における発達障害をめぐる現状と課題の整理を試みた形である。

　また，現在の「障害の社会モデル」の取り扱いには，入口となる機能障害の判断が医学モデルに依拠しやすいことなど，障害学を専門とする有識者からの批判があることにも触れておく（飯野・星加・西倉，2022）。そのため，本章の後半と第2章で発達障害に関連する医学的診断基準とは別に機能障害のアセスメントに焦点を当てる。

（佐々木銀河）

③　発達障害の理解

3.1　ASD（自閉スペクトラム症）

　自閉スペクトラム症（Autism Spectrum Disorder: ASD）は，社会的コミュニケーションおよび対人的相互反心の障害，ならびに行動，興味，または活動の限定された反復的様式という特徴を有する発達障害である（APA, 2022）。米国疾病対策予防センター（Centers for Disease Control and Prevention）の2016年時点での8歳児を対象とした全米での調査結果によると，有病率は54人に1人の割合（およそ1.95%）であった（Maenner et al., 2020）。この割合は年々増加する傾向にある。さらに18歳以上の成人を対象とした米国の調査では（Dietz et al., 2020），2017年における有病率は2.21%であり，性別ごとの推定値は女性が0.86%，男性3.62%であった。この調査で示されたように，女性に対して男性は4倍程度の有病率を示す。わが国における有病率の調査としては，例えば5歳児健康診査のデータに基づく弘前大学での調査（Saito et al., 2020）があり，そこで示された有病率は3.22%であった。

　ASDは2つの診断的特徴を有している。そのひとつは，社会的コミュニケーションおよび対人相互交渉の障害である。紙面の関係上，すべてを詳細に解説することはできないが，そのひとつとして，非言語的コミュニケーションにおける困難を取り上げて説明をする。この困難さは，視線や身振り，顔の表情，会話における抑揚などを通じて，他者の意図を理解することの難しさを指す。この困難さにより，自分の話している内容に対して，相手が不快な思いをしていることに気づけずに，その会話を続けてしまうなどの

　日常的な問題が生じてしまう場合がある。さらにこの困難さは，話し相手が1名である場合よりも，グループでディスカッションをするなど，複数の相手の意図を推測する必要がある場面で顕著になる。

　非言語的コミュニケーションに関する困難は，表出面にも存在する。ASDのある人は表情の変化に乏しく，「何を考えているかわからない」と指摘されることがある。本人は嫌な気持ちになっているが，それが表情や身振りなどに表れないために，周囲に理解されないことなどもある。

　社会的コミュニケーションおよび対人相互交渉の障害により，ASDのある人は対人関係の構築に苦慮する場合が多い。場にそぐわない発言をしてしまったり，相手の立場に応じた対応（例えば，目上の人に対する敬語の使用）ができなかったりするために，対人関係においてトラブルを生じさせてしまう場合がある。人と親しくしたいという欲求はあるものの，それが不適切な形（例えば，過度にしつこく接近してしまう）で表現されてしまい，本人が望むような形で人間関係を築けずに悩んでしまうような場合もある。

　ASDのもうひとつの診断的特徴は，行動，興味，または活動の限定された反復的な様式である。例えば，一定の習慣や行動に極端に執着する様子のことを指す。大学での授業が急遽休講などになった場合に，情緒的な混乱を示してしまうように，変化に対する抵抗がそれに該当する。また会話等において同じ質問をしつこく繰り返す様子など，儀式的な行動もこの特徴に該当する。またこの特徴には，感覚刺激に対する過敏さや鈍感さなども含まれる。

　ASDという診断を受けた人の中でも，その特徴などにおいては個人差が大きいことが知られている。対人相互交渉の障害がより強く示されている人，あるいはその反対に反復的様式の特徴がより強い人など，様々である。さらに知的水準に関しても，最重度の知的障害を有する人から，高い知的水準を示している人（いわゆる，アスペルガー症候群と呼ばれてきた状態）まで，幅が広い。自閉スペクトラム症の「スペクトラム」とは，同じ診断的特徴を有するものの多様な状態像を含んでいることを指し示す名称である。

　ASDのある人の支援ニーズを把握する場合には，同じ診断名の人であっても異なる状態が存在していることから，個々の人のもつ困難さ，ならびに

強みを把握することが重要である。対象となる ASD のある人の自閉症状の把握，知能検査等を通じた認知面での得意・不得意の把握はもちろんのこと，日常生活上の困りごとや得意なことなど，幅広く情報収集が可能なテストバッテリーを用意する必要がある。さらに支援を考える場合に，ASD のある人の弱い部分に焦点が当たりがちではあるが，むしろ積極的に強い部分（例えば，良好な記憶力）を活かすような生活設計を考えることが大切である。

（野呂文行）

3.2　ASD に関連した修学支援ニーズ

　ASD のある学生には，修学上の困難が生じても，他者に支援の要請を自発的にすることが難しい人も多い。そのような学生に対しては，定期的に面談機会を設けて，個別の支援ニーズを把握することが重要である。以下ではASDのある学生の典型的な修学上のニーズと対応のポイントについて示す。

3.2.1　入学時

　入学直後に必要な事務的な手続き，特に履修申請でつまずく学生が多い。授業に参加していたにもかかわらず，学期の途中で履修申請もれに気づき，単位取得に失敗する場合もある。必修単位については，その取得が進級や卒業に影響することから，確実な履修を個別に確認する必要がある。

3.2.2　講義・演習

　ASD のある学生の中には，急な休講や講義室の変更などで情緒的に混乱する人がいる。また講義室内では，自分の座席が指定されていると安定して参加できる人もいる。思考の柔軟さに乏しい学生の中には，一度の欠席や課題提出の遅れなどを理由に，単位取得を諦めてしまう人もいる。欠席が連続するような場合には，個別に状況を確認する必要がある。

　ASD のある学生には聴覚刺激に対する過敏さを示す人が多い。講義室での環境音に対して苦痛を訴える場合がある。本人からの申し出がある場合には，ノイズキャンセリング機能つきのイヤホンなどの装着の許可を検討する

ことが必要である。

　ASD のある学生は，複数の人の表情や動作からその意図を理解することが難しいことから，演習形式の授業でグループディスカッションに困難を示す人が多い。他者の様子から発言の機会やタイミングを捉えることが困難なために，文脈に合わない発言をしてしまったり，他者の発言を遮って発言をしてしまったりすることがある。あるいは反対に，発言することそのものを諦めてしまったりする場合もある。また自分自身の意見や議論の本質ではない細部の事柄にこだわってしまい，他の人の意見を受け入れられない様子を見せる学生もいる。そのような場合には，グループディスカッションの暗黙の了解となっているようなルール（例えば，発言したい場合は，他の人の発言が終わるのを確認してから，手を挙げて発言すること）を明示して，それに従うように最初に指示を出すことが重要である。

3.2.3　実習

　専攻する領域によっては，実習の単位取得が必須の場合がある。ASD のある学生は，その障害特性から対人援助サービス（医療系・教育系・福祉系等）に関連する実習への参加に困難を伴う場合が多い。他の学生と比較して実習先機関に慣れるのに多くの時間を要する。そのために，実習開始前に実習先機関の見学や簡易な体験を済ませておくことが望ましい。実習開始後は，支援対象者・実習指導者・実習参加学生などと対話する機会が多いが，そこで問題が生じる場合がある。例えば，実習指導者に対する報告・連絡・相談が十分にできない，支援対象者に対する必要な声かけ（挨拶や励まし等）ができないなどの問題である。対話の相手ごとに，どのようなコミュニケーションが必要であるのかを実習開始前に，書面などで教示しておく必要がある。

3.2.4　大学での生活

　修学に関するニーズではないが，ASD のある学生がキャンパス内で生活するために，様々な支援が必要になる。キャンパス内では多くの学生が生活しているが，そのことが ASD のある学生にとって大きなストレスとなる場

合がある。例えば，他の学生の話し声が絶え間なく聞こえてくる環境の中で，強い疲労感を訴える学生がいる。また学生食堂など周囲に人がいる環境で食事をとることができない学生もいる。そのような学生は一度帰宅して昼食を食べたり，あるいは昼食をとらずに過ごしたりする場合もある。このような学生のために，キャンパス内に休憩や食事をとるためのスペースを用意している大学もある。

3.2.5　まとめ

ASD のある学生が大学生活の中で示す典型的な修学上の支援ニーズについて解説した。発達障害のある学生の中でも，特に ASD のある学生が示しやすいニーズに焦点を当てて示してきたが，ADHD などの他の発達障害のある学生と支援ニーズが重複している点も多い。大切なことは，診断名のみから学生のニーズを推測するのではなく，発達障害のある学生の個々の実態を把握した上で，支援ニーズを把握することである。そのためにも学生との個別的な面談機会を設けることや，必要に応じて，大学内の障害学生支援・学生相談の部署や外部の専門機関と連携して，支援ニーズの把握とその対応を検討することである。

（野呂文行）

3.3　ADHD（注意欠如多動症）

　注意欠如多動症（Attention-Deficit/Hyperactivity Disorder: ADHD）は，不注意，多動性，衝動性を主な症状とする発達障害である。わが国における ADHD の定義は，文部科学省（2003）による「今後の特別支援教育の在り方について（最終報告）」の中で試案として述べられている「年齢あるいは発達に不釣り合いな注意力，及び / 又は衝動性，多動性を特徴とする行動の障害で，社会的な活動や学業の機能に支障をきたすものである。また，7 歳以前に現れ，その状態が継続し，中枢神経系に何らかの要因による機能不全があると推定される」が挙げられる。この定義は，米国精神医学会（APA）による診断基準である『精神疾患の診断・統計マニュアル第 4 版』（DSM-IV）（APA, 1994）と，この診断基準をもとに作成さ

れた ADHD の行動評定尺度である ADHD-RS-Ⅳ（DuPaul et al., 1998）を参考にしている。なお，現在の「注意欠如多動症」という用語は，2022 年に米国で出版された上記 DSM の第 5 版・改訂版（DSM-5-TR）での ADHD の定義に対して，2023 年に邦訳が出版された際に提案された訳語である。もうひとつの国際的な診断基準である国際疾病分類第 11 版（ICD-11）（WHO, 2018）でも「注意欠如多動症」（Attention Deficit Hyperactivity Disorder）として定義されている（松本，2021）。

　DSM-5-TR における ADHD の定義では，学校や家庭など複数の状況において，年齢にそぐわない不注意さならびに多動性 / 衝動性がおおよそ小学校卒業までに半年以上継続しており，それによって日常生活に困難をきたしている状態を指す。つまり，環境のみに依存してその状態が生じているのではなく，本人の生まれながらにもっている特徴によってその状態が生じていること，そして，その特徴が日常生活上で著しい困難さを生じさせていることが ADHD の判断基準となっている。また，この診断基準では，17 歳以上に診断を行う場合の基準も設けられていることから，成人期も含めた診断が可能となっている。なお，ADHD の状態像は，発達に伴って変化する場合があることから，主に見られる基本症状やその重症度については，判定する時点での状態像に対して特定されるものである。また，現在の症状が，日常生活に影響を及ぼしていることは継続しているものの，症状が低減したものに対しては，「部分寛解」として表現される。ADHD は，ほとんどの文化圏で子どもの約 5 ％，成人の約 2.5 ％に存在するとされている（APA, 2016）。

　ADHD の主症状の背景として，脳機能の特異性による注意や情動をコントロールすることの難しさと，それらの生物学的，心理学的等種々の背景要因が想定されている。あわせて年齢発達やおかれた状況によっても，行動上に現れる特徴の程度や頻度が変化する場合がある。ADHD への最初の気づきは，幼稚園や保育園，あるいは小学校といった集団の場において，担当の保育士や教諭などにより，落ち着きのなさ，対人関係上のトラブルなどに対してなされることが多いといわれる。加えて，学校を中心とした集団の中で

ルールを守って活動することが求められるようになるため，そわそわしていたり離席してしまったりといった状態像や，宿題や持ち物を忘れる，課題を最後までこなせないといった形での困難さが相対的に目立ちがちになることから，子ども本人や保護者への周囲からの叱責が生じやすい。また，子ども集団において他の子どもたちとの仲間意識が生まれ，自分と周りとの関係を自己評価するようになっていく中で仲間集団のルールや役割にしたがった行動が取りにくいこと，これに伴うことを含め集団場面での失敗，叱責，孤立を繰り返し経験することにより，劣等感や疎外感，自尊感情の低下が起こりがちである。このような状態は，不登校，攻撃的行動，反抗的態度に至りやすいことが指摘されている（齊藤，2016）。

　大学等の高等教育段階でもこれらの状態は修学上のニーズに直結するだけでなく，二次的な問題として生じているのか本質的な問題なのかが見えにくくなっている時期ともいえ，可能な限り保護者等を含めた生育歴の聴取がなされることが望ましいといえる。

（岡崎慎治）

3.4　ADHD に関連した修学支援ニーズ

　ADHD のある学生の高等教育段階での修学においては，高校までの学習スタイルや，求められることが大きく変化するとともに，進学をきっかけに一人暮らしを始めることが多いこともあり，片付けや家事等といった生活面での困難さが表面化する場合がある。また，この時期に周囲との違いに気づき，医療機関や相談機関を利用してはじめて ADHD やこれに関連する障害や疾患の診断がなされるケースもある。ADHD における不注意，衝動性，多動性の主症状は，この時期には表面的に見えにくい場合が多いものの，自分にある特性への気づき，そのために社会的失敗が蓄積することに自覚的になる結果，自信を失ったり自尊心がさらに低下したりしがちであることが指摘されている。そのため，不安症群や抑うつ障害群，アルコールや薬物乱用を含む物質関連障害を併発するリスクや，引きこもりやネット依存，加えてギャンブル依存のリスクが高まるのも特徴とされる（齋藤，2016）。

　社会的な失敗が増えていくと，自己肯定感が低下し，二次障害が重篤化，

複雑化することも少なくないため，修学先や周辺，居住地域にある支援サービス等の社会的な資源を活用することが有用といえる。支援ニーズの把握とその支援については，個々の状態像が異なることを踏まえたアセスメントに基づくことが望ましい（Sparrow & Erhardt, 2014）。それらの支援を通した大きな目的は，本人の自尊心の低下や自己否定といった状態像を軽減することであり，対象が小児でも，大学生でも，成人でも，この目的は共通している。

　ADHD の修学支援ニーズへの対応は，環境調整と行動修正に大別することができる。加えて，医学的な治療としての薬物療法が挙げられる。ADHD における心理特性として，待つべき状況を理解できていても待つことが難しい，環境内の複数の情報の中から必要な情報を選び出して用いることが難しいといったことにまとめることができる。これらの困難さを本人の努力不足に帰着するのではなく，周囲がその人に本質的な困難さがあることを理解した上で，状況を理解しやすくすること，行ったことに即時的に結果を返すといった，環境調整の側面からの支援が重視される。口頭指示だけでなく見えるものを用いた指示を行うなど，手がかりになるものを工夫したり，少人数での指導で本人に直接指示をしたりすることが考えられる。また，指示には場面や人との間でできるだけ一貫性を持たせることも重要である。

　これらとともに，本人が積極的に周囲の環境に働きかけ，自身の行動を修正していくような学習・整理法を身につけることを目的とした関わりも重要といえる。時間管理やスケジュール管理といったセルフマネジメント，自分の特性を踏まえた学習スタイルの構築等について，デジタルデバイスを用いる等が有用なサポートとなり得る（Nadeau, 2006）。

　医学的な治療として，薬物療法が有効な場合がある。現在のところ ADHD の治療薬として 18 歳以上を対象に承認されているのは，塩酸メチルフェニデート徐放薬（商品名コンサータ®），塩酸アトモキセチン（商品名ストラテラ®），塩酸グアンファシン（商品名インチュニブ®）である。これらの薬物はそれぞれの作用機序が異なるが，共通するのは脳内の神経伝達物質による情報伝達をスムーズにする作用である。一方，重篤な場合はほと

んどないものの，それぞれの薬物への副作用もあることから，いずれも医師の処方せんに基づく薬である。それぞれの薬物の副作用としてメチルフェニデート徐放薬では食欲減退，体重減少，腹痛，頭痛，不眠などが挙げられ，アトモキセチンでは口渇，不眠，吐気，食欲低下，便秘，めまい，発汗などが挙げられる（宮島・石田，2010）。このほか，ADHD の治療に用いられる薬物には，抗てんかん薬，抗精神病薬，抗うつ薬などが挙げられ，感情安定薬が用いられる場合もある。なお，これらの薬物療法は周囲が問題行動の減少を期待することよりもむしろ，本人が成功経験を得られる機会が確保でき，それに伴い自己評価や自尊心の向上につながることが目的であることを理解しておくことが重要である。

　また，近年用いられるようになってきた ADHD のある成人への支援技法として，心理社会的アプローチのひとつであるコーチングが挙げられる。コーチングでは，ADHD のある成人にコーチが併走しながら，質問や提案，励まし，フィードバックを通して目標達成をサポートしていく行程をとる。変化を求め，よりよいパフォーマンスを実現したいが，脇道にそれてしまう，計画倒れになる，目標を見失うといった状況に陥りやすい ADHD のある成人にとって，コーチングは有用な支援方法であると考えられる。Nadeau（2006）は LD や ADHD のある学生が大学生活をうまく送る上で，自分にある特徴を苦手な面や困難さのみならず得意なことや強みとして捉えること，その上で "ADHD/LD-friendly" な大学を選ぶことや，学内の支援のみならず学外のコーチング等のコミュニティレベルの支援をうまく見つけ，活用することを推奨している。

（岡崎慎治）

3.5　SLD（限局性学習症）

　限局性学習症（Specific Learning Disorder: SLD）は，DSM-5-TRの分類に基づく医学的な診断名である。一般に，小・中・高校等の教育現場では，この障害を「学習障害（LD）」と呼ぶことが多い。しかし，医学領域の「限局性学習症」と教育界の「学習障害」では，該当する症状に違いがある。

DSM-5-TR（APA, 2022）によると，限局性学習症（SLD）に該当する症状は次の 6 項目である。

> (1) 不正確または速度が遅く，努力を要する読字
> (2) 読んでいるものの意味を理解することの困難さ
> (3) 綴字の困難さ
> (4) 書字表出の困難さ
> (5) 数字の概念，数値，または計算を習得することの困難さ
> (6) 数学的推論の困難さ
>
> （日本精神神経学会［日本語版用語監修］，髙橋三郎・大野 裕［監訳］：DSM-5-TR 精神疾患の診断・統計マニュアル. 医学書院，2023 年，p.75，限局性学習症 診断基準 A より抜粋）

(1) と (2) は「読み」の障害，(3) と (4) は「書き」の障害，(5)(6) は「算数」の障害に相当する。DSM-5-TR における限局性学習症の診断基準を抜粋すると，

> ・（これらの 6 項目の症状の）少なくとも 1 つが存在し，少なくとも 6 カ月間持続している（前掲，診断基準 A より抜粋）
> ・（その症状があるために）日常生活活動に意味のある障害を引き起こしている（前掲，診断基準 B より抜粋）
> ・知的能力障害群，非矯正視力または聴力，他の精神または神経学的病態，心理社会的逆境，学校教育の用語の習熟度不足，または不適切な教育指導によってはうまく説明されない（前掲，診断基準 D より抜粋）

とある。

　一方，学習障害（LD）に関して，文部省（現在の文部科学省）が 1999 年に「学習障害児に対する指導について（報告）」の中で，「学習障害とは，基本的には全般的な知的発達に遅れはないが，聞く，話す，読む，書く，計算する又は推論する能力のうち特定のものの習得と使用に著しい困難を示す様々な状態を指すものである。学習障害は，その原因として，中枢神経系に

何らかの機能障害があると推定されるが，視覚障害，聴覚障害，知的障害，情緒障害などの障害や，環境的な要因が直接の原因となるものではない」と定義している（文部省，1999）。

医学領域の「限局性学習症」と教育界の「学習障害」では，共通して，読み，書き，算数における習得や使用の困難さを症状とする。しかし，限局性学習症の診断基準となる症状に，「聞く」「話す」という音声言語（話しことば）の困難さは含まれていない。一方，教育界では，この音声言語の困難さも症状に含める。音声言語の困難さのみでも学習障害とするという点が医学領域とは異なる。

読み書きの習得に遅れがあると，大学等での修学全般に支障をきたす恐れがある。SLDのうち，特に，読み書きの習得の遅れを発達性ディスレクシア（発達性読み書き障害）と呼ぶ。日本では，発達性ディスレクシア研究会（2016）が，国際dyslexia協会の定義（Lyon, Shaywitz, & Shaywitz, 2003）を参考に，「発達性ディスレクシアは，神経生物学的原因による障害である。その基本的特徴は，文字（列）の音韻（列）化や音韻（列）に対応する文字（列）の想起における正確性や流暢性の困難さである。こうした困難さは，音韻能力や視覚認知力などの障害によるものであり，年齢や全般的知能の水準からは予測できないことがある。聴覚や視覚などの感覚器の障害や環境要因が直接の原因とはならない」と定義している。

発達性ディスレクシアにおける読み書きの困難さは，文章レベルのみならず，文字や単語レベルでみられる。具体的な症状は，文字や単語の読み誤りが多いという音読の正確性の問題，音読速度が遅いという音読の流暢性の問題，文字や単語の書き誤りが多いという書字の正確性の問題，字の形や単語の綴りを思い出すのに時間がかかるという書字の流暢性の問題である。これらの読み書きの困難さは，客観的で標準化された個別式の音読と書取の検査で明らかとなる。そのため，発達性ディスレクシアの診断において，読み書きの習得度を評価する際に，少なくとも文字・単語レベルでの音読と書取の検査実施が必須である。

発達性ディスレクシアのある児童生徒・大学生の読み書き症状は様々である。ひらがな，カタカナ，漢字すべてに障害がある，カタカナと漢字に障害

がある，漢字にのみ障害がある，音読速度のみが遅いなど，その臨床像は一様でない。一般に，日本語の読み書きの習得に遅れがある場合，英語の読み書きにも困難さを示すことが多い。Wydell and Butterworth（1999）が報告した症例のように，日本語の読み障害はなく，英語のみに読み障害を示す発達性ディスレクシア例も存在する。発達性ディスレクシアがあると，音読の正確性や流暢性の障害から派生して，読解が十分にできない，読書機会が少なくなることによる語彙や背景となる知識の増大につながらないなどの二次的な問題が生じうる。適切な支援がないと学業全般に支障をきたし，学習に対する諦めの気持ちや，自己肯定感の低下などにつながる恐れがある。

（三盃亜美）

3.6 SLD に関連した修学支援ニーズ

前項で，SLD の症状は読み，書き，算数いずれかの障害であることを述べた。個々の事例で読み，書き，算数のどれに困難さを抱えているかは異なり，その困難さから生じる実際の学修場面での困りごとも異なる。個々の事例に対して，それぞれの主訴に応じて，読み，書き，または算数の習得度を正確に把握し，実際の学修場面での困難さを聴き取った上で，具体的な支援を検討することが望まれる。本項では，SLD の中でも出現頻度が高く，専攻分野に関係なく学修全般に支障をきたす恐れのある「読み」「書き」の障害，特に発達性ディスレクシアを中心に修学支援ニーズを概説する。

SLD の「読み」の障害は，文字や単語の読み誤りが多い，読み速度が遅いという文字（列）を音に変換するプロセス（音読）の問題と，読んで内容を理解できないという読解の問題に分かれる。音読の問題に対しては「改訂版標準読み書きスクリーニング検査 —— 正確性と流暢性の評価（STRAW-R）」（宇野・春原・金子・Wydell, 2017）や KABC-Ⅱ「ことばの読み」などの音読検査を，読解の問題に対しては KABC-Ⅱ「文の理解」（Kaufman & Kaufman, 2013）や「標準抽象語理解力検査（SCTAW）」（宇野・春原・金子，2002）などの読解検査を用いて，読み年齢（相当年齢）を算出，下学年の標準値と比較することで，読みの障害が

あるかを判断できる。

　音読の正確性に困難さがあると，教科書や書籍，論文，配布資料，試験問題を読む際に，読み誤りや，読み方がわからない字や単語が多いために，正しく内容を理解できないことがある。内容を十分に理解できないと，誤った知識を獲得してしまう，文献を正しく理解せずにレポートを書いてしまう，試験問題を理解できず解答できないなどの学修上の困難さが生じる。音読の流暢性に困難さがあると，読み速度が遅いために，他の学生に比べて読み終わるまでに時間がかかる，何度も読み返さないと内容を理解できない，必要な情報を探すのに時間がかかるなどの様子がみられる。結果的に，レポートや学位論文執筆に必要な文献を期日までに読み終わらない，文献を探すのに時間がかかる，課題に必要な文献かどうかを吟味し文献から必要な情報を探しだすことに時間がかかる，試験で制限時間内にすべての問いに解答できないなどの学修上の困難さが生じる。

　読み障害に起因する学修上の困難さに対しては，読み障害の症状と実際の困りごとに応じて支援を行うことが望ましい。音読の正確性に，特に，漢字の読みに困難さがある場合には，漢字にルビをふる，人による読み上げ，読み上げソフト・アプリの使用などの支援が考えられる。同様に，音読の流暢性に障害がある場合にも，人による読み上げ，読み上げソフト・アプリの使用などの支援が有効である。これらの支援を可能にするために，書籍を電子データ化，配布資料を電子データで提供，電子ファイルに変換する機器（例：ブックスキャナー）を貸し出すなどの対応が必要になるだろう。また授業内で重要事項や連絡事項を伝える際には，文字情報に加えて，口頭での説明が不可欠である。試験時間や課題の提出締切日の延長を必要に応じて柔軟に検討することも望まれる。

　SLD の「書き」の障害は，文字や単語の綴りを思い出せない・書き誤りが多い，文字や単語の綴りを正しく書けても思い出すのに時間がかかるといった文字・単語レベルでの書字の正確性や流暢性の問題と，文法の誤り，段落のまとめ方が下手，思考の書字表出に明確さがないなどの文章構成の困難さ，いわゆる作文の問題の 2 つに分けられる。前者の文字・単語レベルでの書字の問題に対しては，STRAW-R（宇野ら，2017）や KABC-Ⅱ

「ことばの書き」などの書取検査を適用し，書字年齢（相当年齢）を算出，下学年の標準値と比較することで，文字・単語レベルで書字に障害があるかを判断できる。書字の習得に遅れがあると，手書きでの課題提出や試験問題への解答，授業でメモを取ることに困難さが生じるため，課題提出，試験問題への解答や，授業中にメモをとる際に，パソコン（ワープロソフト）を使用することが有効である。また試験で口頭での解答を認める，授業でノートの代筆をお願いできるなどの柔軟な支援が必要になる場合もある。

　そのほかに，読み障害や書き障害があると，共通して，板書をノートに写す，メモを取りながら話を聞く・資料を読むなどが困難なため，授業の録音（スマートペンの使用），板書の写真撮影の許可，資料を事前配布するなどの合理的配慮が必要である。またレポートや学位論文の作成，試験での解答において，誤字脱字に気づきにくいため，成績評価に誤字脱字の多さを反映させない，課題提出前に誤字脱字のチェックを人にお願いできるなどの合理的配慮も必要である。

（三盃亜美）

4　発達障害と関連する障害の理解

4.1　DCD（発達性協調運動症）

　発達性協調運動症（Developmental Coordination Disorder: DCD）は，ひとことでいうと，身体的に「不器用さ」があるために日常生活に何らかの支障がある状態である。「不器用さ」という言葉にはネガティブなイメージがある一方で，状態像として，それに代わって共有できる言葉がないため，ここではあえて「不器用さ」という言葉を使用する。

　DCDは，国際的な診断基準のひとつとされているDSM-5-TR（APA, 2022）によれば，4つの特徴によって同定される。

> 協調運動技能の獲得や遂行が，その人の生活年齢や技能の学習および使用の機会に応じて期待されるものよりも明らかに劣っている。その困難さは，不器用（例：物を落とす，または物にぶつかる），運動技能（例：

物を掴む，はさみや刃物を使う，書字，自転車に乗る，スポーツに参加する）の遂行における遅さと不正確さによって明らかになる。

（日本精神神経学会［日本語版用語監修］，髙橋三郎・大野　裕［監訳］：DSM-5-TR 精神疾患の診断・統計マニュアル．医学書院，2023 年，p.84，運動症 診断基準 A）

　これは標準化された協調運動発達に関する検査において，暦年齢から明らかに乖離している状態をさす（2 標準偏差以上と記されているものもある）。現在，国際的には M-ABC2（Henderson, Sugden, & Barnett, 2007）が DCD および協調運動発達の評価ツールとして活用されているが，国内版はないため，国内では医師や作業療法士などの所見や，それに代わるアセスメントや独自の評価ツールをもとに判断している。

> 運動技能の欠如は，生活年齢にふさわしい日常生活活動（例：自己管理，自己保全）を著明に，持続的に妨げており，学業または学校での生産性，就労前および就労後の活動，余暇，および遊びに影響を与えている。
>
> （前掲，診断基準 B より抜粋）

　具体的には，体育の授業でうまく課題遂行ができず，参加することに否定的になるとか，授業中に板書された内容をノートに書き留めるのに時間がかかったり，判読が難しい書体になってしまい理解できていても評価されなかったりすることが含まれる。また身体的な余暇活動の幅が狭かったり，保健スキルを十分に獲得できなかったりすることで，健康上のリスクが高まることが心配される。

> 症状の始まりは発達段階早期である。
>
> （前掲，診断基準 C より抜粋）

　言い換えれば，身体的な不器用さが幼少期から気になっていたことが重要だということである。思春期になって急激に不器用さが目立つようになった

場合は別の疾患等を考えておく必要がある。少なくとも，自分の生育歴を振り返って，上記の診断基準 A と B に該当するようなことがあれば，専門家は DCD の特性を有する可能性を否定しない。

> 運動技能の欠如は，知的発達症（知的能力障害）や視力によってはうまく説明されず，運動に影響を与える神経疾患（例：脳性麻痺，筋ジストロフィー，変性疾患）によるものではない。
>
> （前掲，診断基準 D より抜粋）

つまり，運動の「不器用さ」が，その他の障害や疾患によらないと判断できることである。ただし脳性麻痺については，DCD と連続体であるとする考え方があったり（中井，2019），視覚障害ではなくても視機能によって運動技能遂行に支障があるなど，その他の障害や疾患に関する機能等の関連がないというわけではない。

また DCD の有症率は 5 〜 11 歳の子どもで 5 〜 6 ％であると指摘されているが（本郷，2019），国内においては，正確に診断できる医師が少ないなど，その数は定かではない。特に大人の DCD に関しては十分に把握できてはいない。そして DCD は，他の発達障害と併存していることが多い。ADHD との併存は 30 〜 50 ％，SLD の場合 50 ％，ASD に関しては 80 ％と指摘されている（中井，2019）。したがって DCD は決してまれな障害であるというわけではない。

加えて，DCD に関連する二次障害として，身体活動制限による身体的健康問題に加え，自尊心や自己肯定感の低下などが指摘されている（Henderson, 2014）。結果的に，仲間関係が極度に限定的になり，ひきこもりや不登校など，社会性に何らかの影響を及ぼすケースがある。ひいては，それらが精神疾患の誘因となるリスクは否定できない。

これらのことから，「不器用さ」を単に運動の問題に閉じずに，その人の全人的成長発達の側面のひとつとして捉えることが求められるだろう。

（澤江幸則）

4.2 DCD に関連した修学支援ニーズ

　DCD 特性のある学生における修学支援ニーズには大きく 3 つある。1 つ目は，体育授業である。現在，わが国では，体育を授業として開講している大学がほとんどである。梶田ら（2018）の調査によれば，全体の 97.7 ％の大学で開講し，そのうち 98.2 ％の大学において実技系の内容が含まれている。またそれらの卒業必修単位は，平均して約 2 単位であった（梶田ら，2018）。これらのことから，大学に入学した学生のほとんどが実技系の体育授業を受けることになる。当然，身体的な不器用さを抱える学生も同様である。大学によっては体育授業の選択幅が違うため，ある程度，不器用さが目立たない種目が開講されている場合もあれば，種目が限定されているため，他の学生と同様の課題が規準として課せられる場合もある。実際，身体的に不器用さを抱える人の多くが困難を感じる二重跳びを繰り返し練習し，規定回数をクリアしなければ単位が得られず，どうしたらいいかと連絡してきた学生がいた。

　そのため，彼らのなかには，体育の時間を辛い時間として感じている人も少なくない。例えば，本人が得意であった第一希望の種目に落ちて第二希望で履修した卓球の授業に参加した学生 A は，ボールを前に飛ばすことができず，何度やってもボールが天井に向かって飛んでしまう現象があった。本人は至って真面目であり，先生もまたとても丁寧に指導されていた。ボールなしでラケットを振るときのフォームでは問題がないように思われたが，いざボールを打つとなると手首が外旋してしまい，ボールが上に行ってしまうのである。そこでボールを床に叩くようなフォームを提案されたが，ボールが当たらなくなった。学生 A は自分なりに自分の身体の動かし方を頭のなかで考えて，ゆっくり来るボールならうまく打ち返すようになったようである。

　今後，比較的得意な種目とどんなにがんばってもできない種目を判断できるような専門家からの所見やツールができれば，DCD 特性のある学生への合理的配慮に関する事項のひとつとして，実技種目の選択優先やアダプテッド[1]を専門とする指導者からのアドバイスを受けるような仕組みがあってもよいかもしれない。

　修学支援ニーズの2つ目は書字に関することである。大学の講義におい
て字を書くことは少なくない。レポートによっては，コピペを防ぐために，
手書きを求める授業科目もあると聞く。身体的な不器用さを抱える学生のな
かには，指先・手先の協調が困難で，書いた文字の読み取りが難しい場合も
ある。そのため，たとえ理解できていたとしても，レポートを評価する教員
が判読できない事例は少なくない。授業中にメモした自分の字が後から自分
自身も判読できなかったという学生もいた。

　こうした書字で悩む学生に対しては，書字障害として，すでにいろいろと
合理的配慮が講じられている。例えば，授業であれば，キーボードの使用や
代書（ノートテイク），場合によっては授業録音の許可，試験であれば，
キーボードの使用や時間延長などである。

　そして3つ目の修学支援ニーズは，余暇としての身体活動である。身体
的な不器用さがあるがゆえに，高校以前の体育や放課後等の身体活動場面で
ネガティブな経験をしている学生は少なくない。そのため，それらの学生の
なかには，大学に入学してからも必要以上に運動やスポーツに参加すること
を拒む人がいる。大学の周辺にあるボウリングやビリヤードなどができるレ
クリエーション施設に友人から誘われたものの，恥をかくと思い込み断り続
けた学生がいた。また極力運動することを避け続けたために，姿勢悪化に伴
う腰痛や頭痛，過体重・肥満で悩む学生がいることを知っている。こうした
状況が長く続くと，生活習慣病や生活不活病といわれる疾病リスクが高まる
ことも否定できない。したがって，適度な運動機会をもつための何らかの支
援が必要とされていると考えている。

　身体的に不器用さがあっても運動やスポーツを楽しめることを大学体育や
講義，学生支援の枠のなかで伝えていくことと，青年期以降，レジャーを楽
しんでいるDCD特性のある若者の実例などを紹介していくことで，少しで
も多くの人がその可能性に気づき，実践を試みるようになることを期待す
る。

（澤江幸則）

1　障害などの何らかの特別なニーズのある人がスポーツなどの活動に参加する際に，その人たち
　の特性に応じてルールや道具，環境等を修正や変更，調整するなどの方法や視点。

4.3 コミュニケーション症

　DSM-5-TR（APA, 2022）によると，コミュニケーション症群（Communication Disorders: CD）には，「言語症」「語音症」「児童期発症流暢症（吃音）」「社会的（語用論的）コミュニケーション症」「コミュニケーション症，特定不能」が含まれる。

　DSM-5-TR で分類される「言語症」の用語は，日本国内では，「言語発達障害」とは区別して「特異的言語発達障害」として示されることが多く（田中，2010），「特異的言語発達障害（Specific Language Impairment: SLI）とは，知的障害，対人関係の障害，聴覚障害等の言語発達を阻害する問題が明らかには認められないのに，ことばの発達が遅れ，言語の表出や理解に困難がある場合を指す」と説明される。英語圏では，この SLI の研究が発展している一方，臨床現場では知能指数が境界域である，あるいは ADHD や ASD 等を伴う言語発達障害（Developmental Language Disorders: DLD）のほうが多く対象とされていることが報告される（田中，2010）。日本でも，DSM-5-TR が示すような，語彙や文法，ディスコース等の障害が中心である言語障害については研究が発達している途上であり，臨床現場で同定等に苦慮する臨床家は多いことが推測され，今後の研究の発展に期待される分野である。

　次に，「語音症」は国内では主に「機能性構音障害」と呼ばれる，発話時の語音産生に明瞭性を欠く等の困難を示す障害に該当する。一般的には置換（目標音が他の音に変わって聴取される），省略（子音が落ちて後続母音のみが聴取される），歪み（省略，置換のいずれにも分類されない誤り）に分類される（今富，2021）。今富（2021）は，「機能性構音障害」を「構音器官の形態や機能に問題がなく，原因が明らかでないもの」と説明する一方で，この分類では様々なタイプの子どもが含まれる問題点があることを指摘する。構音障害の原因は様々に論じられてきたが，個々の誤りの音が構音障害によるものか，音韻障害によるものかを判断するのが容易ではない現状が示唆される。そのような点において，DSM-5-TR の診断名は音韻障害と構音障害の2つの障害の影響を含んだものであるといえる。

　次に，「児童期発症流暢症（吃音）」について，国内では多くの場合，「発

達性吃音」という診断名が用いられている（原，2021）。特に特徴的な非流暢性は，音の繰り返し（連発）（例：「ぼぼぼぼぼくね」），引き伸ばし（伸発）（例：「ぼーくね」），つまる（阻止［ブロック］）（例：「……ぼくね」）の3種類である。最近ではこの言語症状のみならず，心理的な側面への評価と支援について，重要性が指摘されている。

　最後に，「社会的（語用論的）コミュニケーション症」についてである。社会的（語用論的）コミュニケーション症（Social［Pragmatic］Communication Disorder：SPCD）は，挨拶や情報共有など，社会的な目的での言語使用，文脈に従いコミュニケーションを変える能力，会話でのやりとり，非言語的なサインの読み取り，推論することやユーモアが含まれる文脈の読み取りなどに困難があることが特徴として挙げられる。さらに，SPCDがあると，円滑なコミュニケーションや社会参加が困難になる。この困難さは，言語の構成能力や認知能力の低さによるものであるとは説明できない。ASDも社会的コミュニケーションの障害であると説明され，両者は似た障害であるともいえる。この点について，DSM-5-TR（APA，2022）では，両者の相違点は，ASDには，発達初期にパターン化された反復行動や興味，活動の限局性が存在するが，SPCDにはないことが挙げられている。したがって，DSM-5-TRでは，両障害の鑑別のために，発達初期の行動と特徴の聴き取りが重要であることが述べられている。さらに，米国のYuan and Dollaghan（2020）は，DSM-5で示される内容のみでは，SPCDとASD，定型発達児との鑑別に十分な根拠がなく，診断ツールが存在しないことを指摘し，SPCDやASDに関連した従来のツールから，妥当な項目を抽出したスクリーニングツールを作成した。本ツールでは，SPCDと定型発達児の鑑別，SPCDとASDの鑑別が可能である。今後，このようなスクリーニングツールが開発されることにより，日本でもSPCDの同定や支援が可能になると考える。

（宮本昌子）

4.4　コミュニケーション症に関連した修学支援ニーズ

　まず，「言語症」と「社会的（語用論的）コミュニケーション症」につい

ては前項で述べたように，特に日本においてまだ障害の同定自体が困難な状況であり，言語病理学が盛んである米国においてもスクリーニングツール開発が始まったばかりで，修学支援ニーズについては根拠となる資料が少ない。次に，「語音症」においては，国内で早期スクリーニングについては十分に体制が整いつつあることが知られ，小・中学校での支援ニーズについての報告はみられるが（加藤・竹下・大伴，2012），大学等においては今後に期待されるところである。そこで，「児童期発症流暢症（吃音）」について，比較的研究が進んでいることから，取り上げることにする。

　前項で少し触れたように，吃音には主に3種類の中核症状があるが，学齢期以降になると吃音症状を自覚することによる「不安」や「恐れ」の感情が生じ，「逃避」「回避」「工夫」等の二次的行動が生じる（Guitar, 2006）。近年では，吃音の支援において言語症状のみを対象とするのではなく，言語症状の水面下にある心理的な症状を評価し，多要因からの評価・支援を実施することが主流となっている（Healey, 2013）。さらに，最近ではICF（国際生活機能分類）の観点から評価する視点も重要視され（Yaruss & Quesal, 2004），環境要因の評価も行われるようになった（小林・宮本，2018）。このような状況を背景に，当事者の視点やニーズを視野に入れることが，新しい潮流となった。

　このような流れを受け，飯村（2016）は，高等教育機関への在籍経験のある18歳から40歳までの吃音者を対象として調査を行った結果を報告した。吃音者が困難であると回答した場面は入学，授業，対人関係，就職活動等，幅広い場面に及ぶことが示され，心理的負荷の高い状況で発話を行う場面に集中していることが明らかにされた。具体的には，「入学」では入学試験の面接が困難として大きかったこと，「授業」では発表・プレゼンや教員の質問に答えること，授業中の発言等が困難として挙げられたこと，「対人関係」「学生生活」では，会話や対人関係を築くことに加え，からかい等の問題についての言及もあったこと，「就職活動」では，面接試験の困難さが挙げられたことがわかった。個々のニーズに応じる必要性について論じた上で，「吃音の理解」や「吃音の情報提供（吃音の認知）」「吃音の啓発」の重要性についても述べられている。本結果から，「授業」での発表・プレゼン

等，話す活動についてのニーズについては，本人が十分に練習等の備えができる状況にあること，その情報が前もって知らされていることが必須であると考える。また，発表等に制限時間が設定される場合には，吃音症状が出るために，その時間を超過する可能性も考慮し，延長されることも検討すべきであると考える。菊池（2014）は『吃音のリスクマネジメント』において，吃音者向けに人前での発表等についてのリスク回避法をわかりやすく説明している。

　上記の調査研究を踏まえて，飯村（2019a）は，吃音のある学生が受験する際には「自己分析」と「模擬面接（面接練習）」が対策として適切であることを紹介している。その際に，苦手な話し方についてのみ注意を向けるのではなく，どう自分のアピールができるかについても重点を置くことを考えることも必要であることを主張している。さらに，吃音者を対象とした調査から，話す場面の多い「営業職」に就く人の割合は低い傾向があることがわかっている（飯村，2017）が，必ずしも，「営業職」などの話す職種が向いていないわけではないこと，国内外でアナウンサーや総理大臣等になっている人がいることも例に挙げ，モデルケースとして伝え，将来を考える上でのイメージを持たせることの有効性について述べている。

　最後に，カミングアウトについて述べる。カミングアウトの有効性を示す報告は多く（例えば，菊池，2014；飯村，2019b），菊池（2014）は「自分はどもることがあります」と伝えておくと，落ち込みが減ると述べている。飯村（2019b）は「吃音を隠さないでよい」と感じることで不安が軽減する効果があることを述べている。さらに，吃音者の手記は，ニーズや適切な支援を考える際に非常に有意義であると考える。Preston（2013）は，どのように話を聴いてほしいか，ということへの正解はない，というようなことを述べている。このように，一般的なニーズを把握することも重要であるが，つねに，個人によって異なるという側面も念頭に置くべきだと考える。

（宮本昌子）

5 単純でない発達障害系の問題の理解

5.1 発達障害に関する教育現場での複雑な課題

5.1.1 発達障害のいくつかの特性が重複している学生

　大学等に在籍する障害のある学生のうち，発達障害の複数の特性を併せもつ学生の割合は増加しており（日本学生支援機構，2023），とりわけ ASD のある人は ADHD 特性を重複することが多いことが報告されている（Rong et al., 2021）。複数の障害が重複した場合の特性の現れ方は，個人によって異なるが，複数の特性に対して，それぞれ対応が必要となることが多い。また，近年では，身体障害と発達障害が重複する学生も増加傾向にあるため（日本学生支援機構，2023），学生の状態像はより一層複雑化している。

5.1.2 発達障害と精神障害が併存している学生

　発達障害は，不適応に起因した精神障害を二次障害として併存しやすいことが指摘されている（例えば，Ohnishi et al., 2019）。精神障害のある学生は，精神科への通院をしながら修学を継続することとなる。特に，精神状態が思わしくないときには外出することが難しい場合もあるため，比較的状態が安定しているときに通院する学生も多い。そうした場合，医療機関では，安定した状態の学生を診察することに加えて，発達障害の特性に起因した自身の状態を客観的に評価したり，言語化したりすることの難しさとも相まって，医療機関と教育機関で学生の状態に対する認識が異なることもある。そのため，適切な治療のためには，本人の同意を得て，教育機関での学生の様子を医療機関へ伝えることも重要であると考えられる。

　また，支援の現場では，支援者の目標のひとつとして，二次障害としての精神障害を予防すること，あるいはすでに精神障害が併存している場合には，それを重症化させないことが挙げられる。そのために，福祉サービスや長期履修制度などを利用し，負担を調整しながら修学する学生もいる。また，本人に修学の意思があるものの，卒業が難しい場合には，学位授与機構

の制度を利用して学士の学位取得を目指す方法もある。

5.1.3 発達障害のグレーゾーンの学生

　発達障害のグレーゾーンとは，発達障害の特性はあるものの，その程度が医学的診断を受ける基準を満たさない状態像を示す（姫野，2018）。医療機関では，「発達障害の傾向あり」と判断されることもある。このような学生は，診断がなされないことで，困難さを本人の努力不足に帰属されやすく，周囲からの理解や支援が得られにくい状況にあることが多い。また，学校生活においては，不全感や負担感が高い傾向にある。例えば，他の学生がそれほど努力せずに達成できることであっても，グレーゾーンの学生にとってはかなりの努力を要して達成していたり，体調の悪いときや強いストレス状況下では，その特性が増幅されて一時的にパフォーマンスが著しく低下することもある。このような学生に対しては，ユニバーサルデザイン化された授業や，発達障害のある人たちが活用しているアイテムや工夫が助けになることが多いため，このような環境整備や学生への情報提供が有用であるものと考えられる。

5.1.4 発達障害のある留学生

　近年では，発達障害のある留学生が在籍することも少なくない。楠・池谷・望月（2016）によれば，障害のある留学生に関する調査において，ある学校では，留学生のうち約 10 ％が障害のある学生であり，その中でも発達障害のある学生が最も多いと回答したことを報告している。このような状況の一方で，支援の現場では，多くの場合，言語面での制約が大きく，互いに細かいニュアンスが伝わりにくいことに加えて，文化的な背景も完全には理解することが難しいため，双方が不全感をもちやすい。また，とりわけ英語圏以外の国から来日している留学生は，英語以外の言語で書かれた診断書等を提出することがあるため，支援にあたって必要な書類（例えば，診断書や検査所見など）は，日本での修学支援のために必要な情報が得られるよう，英語のフォーマットを作成し，入学前に周知しておくことが望ましい。加えて，日本でアセスメントが必要となった場合，学生の母国語や，検査の

標準化サンプルとの関係で，使用可能な検査に制限があり，検査を実施する場合にも状況によっては，参考値として結果を解釈するなどの工夫が必要となる。

（青木真純）

5.2 医学的診断に偏重することのリスク

現在，日本では発達障害といった場合には，DSM-5-TR（APA，2022）における，自閉スペクトラム症（ASD），注意欠如多動症（ADHD），限局性学習症（SLD）の3つをさすことが多い。しかし，DSM-5-TR は，それぞれの特徴的な症状を複数提示し，統計学的な根拠に基づき診断基準が示されているにすぎないため，診断されるべきものが診断されていなかったり，過剰な診断がなされる可能性があることを危惧する専門家もいる。正確な診断には専門医の注意深い病歴聴取や繰り返しの面接，症状に寄与する他の因子の探索や身体診察，さらに必要に応じて適切な臨床検査が必要である。また，大学等における修学支援に際しては，専門家による心理教育的観点からの評価（アセスメント）は極めて重要である。しかし，現在の日本では，大学等に入学するまでに発達障害の診断を受ける機会が十分でなかったり，心理教育的評価（アセスメント）を行う専門家（アセッサー）が少なかったりするため，高校段階までに発達障害が疑われていても，十分な根拠資料がないまま，未診断で大学等に入学してくる学生が多い。これら「診断や評価のない，要配慮・支援学生」，いわゆるグレーゾーン学生の修学困難に対する支援ニーズに関し，根拠と責任をもって合理的配慮を提供していくプロセスは不明確になりがちであり，このような医学的診断や，心理教育的評価（アセスメント）が適切に行われていない中での支援が，適切な合理的配慮といえるのか悩ましい場合もある。一方で，医学的診断や障害者手帳を取得していることを支援の条件として偏重したりすることは，結果的にグレーゾーン学生を支援の対象から取りこぼしてしまうこととなり，もしその中に発達障害に起因する困難に直面している学生が存在するとしたら，これらの学生の修学上の不適応リスクを増大させてしまったり，場合によっては精神障害との合併などの二次障害を負わせてしまうリスクも

ある。大学等における発達障害のある学生の支援においては，これらグレー
ゾーン学生の存在をはじめから念頭におき，まず事前的改善措置としての修
学環境のユニバーサルデザイン化や，心理教育的評価（アセスメント）に基
づく自助スキル向上を目的とした心理的支援を提供できる体制を作っておく
ことが必要である。その上で，発達障害のある個々の学生に対する教育環境
の調整からなる合理的配慮の提供を，医学的診断アプローチと並行して実現
していくことが望ましい。

（竹田一則）

5.3　医学モデルと社会モデル

　世界保健機関（WHO）による 1980 年の国際障害分類（International
Classification of Impairments, Disabilities and Handicaps:
ICIDH）では，障害の捉え方として，疾患（disease）に起因する機能・形
態障害（impairment）が，正常機能や形態を前提とした社会において活動
していく能力の制限としての障害，すなわち能力障害（disability）を引き
起こし，そのことが必然的にその社会において生活していくことの困難さで
ある社会的不利（handicap）に結びつくという障害の連鎖を階層的に把握
することの重要性を示した（図 1-5-3-a; WHO, 1980）。この ICIDH の
障害モデルは，障害という現象を，疾病や外傷，もしくはその他の健康状態
により直接生じた「個人的な」問題として捉え，専門職による個別治療と
いった形での医療を必要とするものとみるもので，これを障害の「医学モデ
ル（medical model）」と呼ぶ。このモデルはとてもシンプルでわかりや
すく，それまで障害に関する国際的に統一した定義や考え方がなかったため
広く受け入れられた。また，この考え方は，障害による社会的不利を疾患の
状態にのみ帰結させるのではなく，周囲の環境要因にも目を向けさせる上で

図 1-5-3-a　国際障害分類（ICIDH）における障害の階層的関係性（WHO, 1980）

大きな役割を果たし高く評価された。しかしその一方で，このモデルでは疾患を発端とし，社会的不利に向かう一方向のベクトルが強調されすぎ，そのため，疾患になりさえしなければ社会的不利な状況は生じない，といった誤解や偏見に結びつく，あるいは疾患による機能・形態障害がリハビリなどにより治癒さえすれば社会的不利は起こらない，すなわち社会においては障害があることが異常な少数派（minority）であると捉えられかねないといった疑問や批判が多く出されるようになった。このような障害の「医学モデル」に対する疑問や批判を受けて，WHO は 2001 年に，あらたに国際生活機能分類（International Classification of Functioning, Disability and Health: ICF）を提案した（図 1-5-3-b）。ここでは，疾患等の健康状態が心身機能や身体構造に影響を及ぼし，その結果として日常生活での活動に影響が及ぶことにより，社会における様々な活動への参加（participation）が大きく影響を受けることが重視される。健康状態や心身機能の状態は常に変化するものであり，また活動や参加には，環境因子や個人の因子など多くの要因が関与するため，同じ人でも時期や状況によって，また同じ機能障害であっても環境要因や個人の状態によっておかれる境遇は大きく異なる。この考え方に基づけば，障害は「ある」か「ない」かではなく，人の生活機能を健康状態と環境因子と個人因子からなる背景因子の相互作用によるダイナミズムの中で捉える相対的なものとなる。そして障害をひとつの人

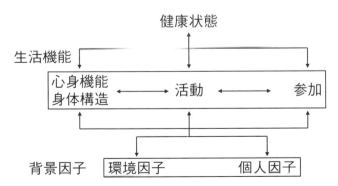

図 1-5-3-b　**国際生活機能分類（ICF）による障害に関わる諸因子**（WHO，2001 /
障害者福祉研究会，2002）

間の個性であると捉え，社会的不利軽減の手段を原因となった疾患や傷害ではなく社会の側の改善に求めることになる。このような障害の捉え方を障害の「社会モデル（social model）」と呼び，ICF においては医学モデルと社会モデルの統合を目指した。人の健常状態をこのように様々な要因間の相互の関係性の結果として成立する変化しうる相対的なものとして捉えることが可能になることで，社会において「障害」や「障害者」とひとくくりにはできない多様な状況があることが認識できるようになった。一方で，発達障害はその機能障害の様態が多様であり，加えて社会の理解不足や偏ったイメージなどにより「医学モデル」「社会モデル」のいずれの観点からみても，障害と社会との関係性を的確に捉えることが難しいと思われる。

（竹田一則）

5.4 ニューロダイバーシティの考え方と修学支援ニーズ

ニューロダイバーシティ（neurodiversity: ND）とは ASD などの発達障害が「病気」や「欠陥」ではなく，「人間の脳の神経伝達経路の多様性」であるとする考え方である。Jaarsma and Welin（2012）によると，ND 運動は 1990 年代にインターネット上の自閉症のグループから始まり，ND という用語は，オーストラリアの社会学者である Judy Singer が造った用語であるといわれている。シラキュース大学で開催された 2011 National Symposium on Neurodiversity によれば，ND について，「神経学的差異は，その他のヒトの変異と同様に認識され尊重されるべきものであり，それらの差異としては発達性協調運動障害（dyspraxia），読字障害（dyslexia），注意欠陥・多動性症（ADHD），算数障害（dyscalculia），自閉スペクトラム症（ASD），トゥレット症候群等々と名付けられている差異を含みうる」と捉えている。また近年では，双極性障害や認知症などまでその考え方をあてはめて考える立場もある。

日本では，2014 年の国連の障害者権利条約の批准，それを踏まえた2011 年の障害者基本法の改正，2016 年の障害者差別解消法の施行など，いずれにおいても「障害」を「社会モデル」の視点で捉える大きな概念の転換がなされた。すなわち「障害」とは身体の機能障害の存在だけを意味する

のではなく，機能障害に伴って生じる社会的障壁によって引き起こされ，その機能障害に対して他の健常者と公平に社会参加が可能となることを保障するための「合理的配慮」を行うのは社会の側の責任であるという大原則のもと，障害者への差別解消を社会のあらゆる場面において行うことが日本においても法的な義務となった。このような背景から，発達障害についても発達面の「障害」や「欠陥」で治療して正常に近づけるべきものという考え方から，行動面や情緒面の多様性として受け入れ，それらの人々の社会参加を容易にする方策を，社会の側が考え共生社会の実現を目指すべきだというNDの考え方への共感が少しずつ広がっている。

　ところで，権利運動としての広がりもあるNDの考え方に対しては，健常者にとって都合よく受け入れやすい秀でた能力を有する一部の軽症者だけを念頭においた理想論である，あるいは医学的介入によりQOL（生活の質）の改善が望めることへの否定に結びつくのではないか，などの批判的な意見も少なくない。一方でNDの概念により日本の現状を捉え直してみると，日本のようなまだまだ多数派（majority）に最適化された社会の環境下では，多様な少数派（minority）の人々が十分に才能を発揮できる環境が整っていないとも考えられる。そこで，日本の現状に最適化した形で人々の神経学的多様性を適切に評価（アセスメント）し，それぞれの多様性に基づく支援を社会が提供していくことで，多様な人材の社会参加を可能にすることができると考えられる。このようなNDを意識した評価（アセスメント）と支援は多様な能力を最大限引き出すべき大学等においては一層重要である。

（竹田一則）

⑥　発達障害のある学生の支援とアセスメント

　発達障害のある学生への支援において，まずその学生を正しく理解することが必要であり，その手段がアセスメントである。

　発達障害のある学生を正しく理解することは簡単ではない。その理由のひとつとして，発達障害があるのかないのかがわかりにくいということがあげ

られる。発達障害のある学生の多くは，得意なことと不得意なことの差が大きく，大学入学まで発達障害があることに気づかない例も少なくない。大学生活が始まって，生活環境や学びのスタイルが大きく変化することで，不適応や学修困難として顕在化することもあるだろう。また，二次障害であるメンタルヘルスの問題が前面に出て，背景に発達障害があることも考えられる。このように「障害の有無」という視点では，学生の経験する困難を理解することは難しい。そういった意味で，ニューロダイバーシティ（本章5.4; p.34）という視点も有効である。その上で，「強み」も含めて幅広く機能の状態を理解するためのアセスメントが効果的な支援の鍵となる。

　一方，入学前から診断があり，大学入学段階から合理的配慮の申請が行われるケースも増えている。この場合でも，大学の授業においてどのような支援が効果的かについての判断は簡単ではない。なぜなら，同じ診断であっても機能障害の状態が多様で，支援を定式化できないからである。診断書があっても，詳しい検査報告書等がないと，どこにどの程度困難があるかよくわからない。結果，効果的な支援を提供するためには，心理検査を含めた詳細なアセスメントが必要となる場合が少なくない。

　発達障害やその可能性がある学生を支援する際，診断名や，表面的な困りごとのみから支援内容を考えるという発想ではうまくいかない。学生本人の語りに耳を傾けることが重要なのはもちろんだが，それだけでも不十分である。なぜなら，学生自身が自分のことを十分に理解し，それを語る言葉を持っているとは限らないからである。標準化された心理検査や，行動観察など，異なる視点を加えたアセスメントを通して，より正確な学生理解が可能となる。そして，その過程で学生自身が自己理解を進め，自分を語る言葉を持つことは，大学卒業後，社会人としてやっていくためにも意味のある経験となるだろう。

（高橋知音）

6.1　修学支援ニーズの理解と ICF モデル

　学生の修学支援ニーズを理解するには，機能の状態や，その他様々な関連要因を含めた総合的な理解が不可欠である。しかし「様々な要因」では，ア

セスメントにおいてどのような情報を集めればよいか，何を評価してよいか
がわからない。そこで，アセスメントを行うための枠組みとして参考になる
のが，ICF モデルである（本章 5.3; p.32）。

6.1.1　修学支援ニーズと「障害」

　ICF では，障害（disability）を「機能障害（構造障害を含む），活動制
限，参加制約の包括用語であり，これは（ある健康状態にある）個人とその
人の背景因子（環境因子と個人因子）との相互作用のうち否定的な側面を表
すもの」と定義づけている。ここでいう，機能障害（impairment）は「身
体の構造や生理機能（精神機能を含む）における喪失や異常」を指す。この
「異常」については，「確立された統計学的な正常範囲からの有意差を指すも
の（すなわち測定された標準平常範囲内での集団の平均からの偏差）という
意味に限定して使われており，この意味でのみ使われるべきである」との説
明がある。つまり，ICF に厳密に従えば，機能障害があることを示すため
には，統計学的手続きを踏んで標準化された検査による評価が必須というこ
とになる。

　活動制限（activity limitation）は個人が活動を行うときに生じる難し
さ，参加制約（participation restriction）は個人が何らかの生活・人生
場面に関わるときに経験する難しさである。障害のある学生における「修学
支援ニーズ」は，大学生活において経験している困難さを減らして，障害の
ない学生と同様に活動，参加できるようにしたいという希望である。ICF
モデルにおける「活動と参加」に含まれるカテゴリーには，「学習と知識の
応用」の中の「読むこと」「書くこと」「問題解決」や，「コミュニケーショ
ン」の中の「話し言葉の理解」「非言語メッセージの理解」「ディスカッショ
ン」など，大学生活の中で必須の「活動」が多く含まれている。これらのリ
ストも参考にしながら，修学困難に関わるどの活動で難しさを感じているの
かを，聴き取りやチェックリスト等で網羅的に把握することで，大学生活へ
の「参加制約」の状況を理解することが可能となる。

6.1.2 修学支援ニーズと「背景因子」

ICF における「障害」は，個人とその人の背景因子（「環境因子」「個人因子」）との相互作用によって生じる（図 1-5-3-b; p.33）。活動と参加に影響を与える要因として，他に個人の「健康状態」も含まれている。「健康状態」には病気，変調，傷害，ケガ，妊娠，加齢，ストレス，先天性異常，遺伝的素質などがあり，それらの詳しい分類をまとめたのが，WHO の国際疾病分類（ICD）である。学生の健康状態は，機能障害と独立して，もしくは機能障害との相互作用で，活動や参加に影響を与える。よって，修学支援ニーズの背景要因の理解において，健康状態についての聴き取りや，チェックリストの実施なども必要となる。修学における困難に，健康状態の影響があると疑われる場合は，大学の保健センター等を含めた医師への相談や，医学的な検査も必要となるだろう。

環境因子は，「人々が生活し，人生を送っている物的な環境や社会的環境，人々の社会的な態度による環境を構成する因子」を指し，個人的環境と社会的環境から構成されている。個人的環境は，家庭や大学など個人にとって身近な環境のことであり，家族，知人，仲間など周囲の人々も環境の一部である。社会的環境は，より広い社会全般を指し，通信や交通などのサービス，法律などの社会制度，人々の態度なども含む。同じような機能障害があっても，大学のバリアフリーの程度や，教職員の障害学生支援についての理解度などによって，修学支援ニーズは異なってくる。学生の機能障害の状態に加え，所属する専攻等の教職員の態度や受講している授業の状況を把握することも，アセスメントに含まれる。

個人因子には，「性別，人種，年齢，その他の健康状態，体力，ライフスタイル，習慣，生育歴，困難への対処方法，社会的背景，教育歴，職業，過去および現在の経験，全体的な行動様式，性格，個人の心理的資質」などがある。例えば，同じ機能障害があっても，外向的であれば，ソーシャルサポートも得られやすく，支援ニーズは高くないというということもあるだろう。個人因子に含まれる具体的内容は ICF に示されていないが，聴き取りやパーソナリティテストを通して，情報を得ていくことになる。

（高橋知音）

6.2　修学支援ニーズに基づいた多様な支援

6.2.1　合理的配慮と教育的対応

　発達障害のある学生の支援では，障害のあることがはっきりしていて要請がある場合は，合理的配慮を提供することになる。しかし，それがすべてではなく，合理的配慮に加えて教育的な支援や，医療的，心理的な支援が必要となったり，合理的配慮を利用せずに，他の支援のみを利用する場合もあるだろう。

　ここでは，まず合理的配慮について説明する。障害者基本法では，心身の機能の障害がある人が「社会的障壁」によって生活に制限を受けている場合に，その人は「障害者」であるとしている。合理的配慮とは，障害のある人の生活に制限を生じさせている社会的障壁を除去するための変更，調整のことである。高等教育機関における合理的配慮の決定にあたっては，①学生から意思の表明があること，②根拠資料があること，③過重な負担がないこと，④教育の目的・内容・評価の本質（カリキュラムで習得を求めている能力や授業の受講，入学に必要とされる要件）を変えないことなどが求められる（文部科学省，2017）。合理的配慮の提供は，2016年に施行された障害者差別解消法において，国公立大学では法的義務，私立大学では努力義務であったが，法改正により2024年度から私立大学でも法的義務となった。

　障害があり，支援ニーズがあったら，大学は必ず合理的配慮を提供するわけではない。ルールに則って手続きを踏む必要があることから，学生，大学双方にそれなりの負担も生じる。実際には，授業担当教員の裁量で，レポートの締切延長など，ちょっとした配慮をすることもあるだろう。これらは，正式な合理的配慮というより「教育的対応」である（表1-6-2）。教員にとって負担にならず，教育の本質を歪めないような支援であれば，教員の裁量で柔軟に対応することは問題ない。合理的配慮の特徴のひとつは，要件を満たせば教員個人の判断に左右されず，学生が確実に必要な環境調整を受けられるということである。

6.2.2 修学支援ニーズとその背景要因に応じた支援の重要性

　発達障害のある学生の支援においては，「この障害があるからこの支援」といった定式化されたやり方ではうまくいかない場合も多い。また，複数の障害が併存しているケース，二次障害のあるケースなど，状態像も多様である。いずれの場合も，効果的な支援のためには，修学支援ニーズとその背景要因を理解した上で支援を考える必要がある。

　例えば，ADHDの診断がある学生が，レポートの提出が遅れがちで単位を落とすことが多いということに困っているとする。レポートの締切延長という合理的配慮は支援としてわかりやすいが，それで問題は解決するだろうか。レポートの中でも，多くの文献資料を読まなければならない課題で特に遅れが目立つ場合，SLDが併存していることも考えられる。読むことに影響を与えるのは，SLDだけではない。遠見視力に問題がなくても，視機能の障害によって，長時間の読む作業が疲労や頭痛を生じさせるケースもある。読む作業がストレスフルなものであると，もともと難しい注意の持続がさらに困難になる。また，完璧主義でこだわりが強いパーソナリティだと，課題に着手しなければならないとわかっていても，つい先送りしたりゲームやインターネットに没頭したりしがちになる。もし，このような状況が見えてくれば，必要なのは合理的配慮だけでなく，眼科での詳しい検査だったり，学生相談で自分の考え方のクセや不適切なストレス対処スキルに向き合うことだったりを提案することである。

　学生が支援につながるきっかけは，ゼミでの様子が気になった指導教員であったり，学生支援系の職員だったりするかもしれない。窓口となる教職員

表 1-6-2　教育的対応と合理的配慮（高橋・三谷，2022）

	教育的対応	合理的配慮
対象	すべての学生	「障害者」である学生
意思表明	原則として必要	必須
実施の可否	教員の裁量・大学の方針	要件を満たせば義務
手続き	教員の判断	ルールに則って手続きが必要

は，学生の状態を踏まえて，障害学生支援室，学生相談室，保健管理センターなど，学生支援の専門スタッフにつなぐ。学内の学生支援体制にもよるが，専門スタッフは，学生の支援ニーズをていねいに聴き取り，必要があればさらに適切な専門家につなげられるようにする。

　発達障害のある学生の困りごとは多岐にわたり，多くの背景要因が複雑に関わっている場合も少なくない。支援者は診断カテゴリーによる表面的な理解でなく，修学支援ニーズと背景要因の全体像を把握し，必要に応じて他の支援者と連携しながら支援をデザインしていく必要がある。

（高橋知音）

参考文献

American Psychiatric Association（APA）(1994). *Diagnostic and statistical manual of mental disorders, 4th edition.* APA.

American Psychiatric Association（APA）(2016). *DSM-5 selections Neurodevelopmental Disorders.* APA.［高橋三郎（監訳）(2016). DSM-5 セレクションズ　神経発達症群．医学書院.］

American Psychiatric Association（APA）(2022). *Diagnostic and statistical manual of mental disorders, fifth edition, text revision (DSM-5-TR).* APA.［日本精神神経学会（日本語版用語監修），高橋三郎・大野　裕（監訳）(2023). DSM-5-TR 精神疾患の診断・統計マニュアル．医学書院.］

Dietz, P. M., Rose, C. E., McArthur, D., & Maenner, M. (2020). National and state estimates of adults with autism spectrum disorder. *Journal of Autism and Developmental Disorders*, 50(12), 4258-4266.

DuPaul, G. J., Power, T. J., Anastopoulos, A. D., & Reid, R. (1998). *ADHD Rating Scale-IV: Checklists, norms, and clinical interpretation.* Guilford Press.

Guitar, B. (2006). *Stuttering: An integrated approach to its nature and treatment.* Lippincott Williams & Wilkins.

発達性ディスレクシア研究会 (2016). 発達性ディスレクシアの定義. http://square.umin.ac.jp/dyslexia/factsheet.html［2023 年 7 月 14 日閲覧］

原　由紀 (2021). 流暢性障害（吃音）の概念と分類．藤田郁代（シリーズ監修），城本　修・原　由紀（編集）標準言語聴覚障害学　発声発語障害学．医学書院，pp.246-258.

Healey, E. C. (2013). The CALMS: A multidimensional approach to assessing and treating school-age children who stutter. 広島大学大学院教育学研究科附属特別支援教育実践センター研究紀要，11，1-22.

Henderson, S., Sugden, D., & Barnett, A. (2007). *Movement Assessment Bat-*

tery for Children second edition. Pearson Education.

Henderson, S. E. (2014). 発達性協調運動障害の理解と支援——2013 年までにわかったこと. 小児の精神と神経, 54(2), 119-133.

姫野 桂 (2018). 発達障害グレーゾーン. 扶桑社.

本郷一夫 (2019). 発達性協調運動障害の理解と支援の方向性. 辻井正次・宮原資英 (監修) 発達性協調運動障害 [DCD]. 金子書房, pp.1-11.

飯村大智 (2016). 高等教育機関における吃音者の困難と合理的配慮について. 聴覚言語障害, 45(2), 67-78.

飯村大智 (2017). 吃音者の就労と合理的配慮に関する実態調査. 音声言語医学. 58(3), 205-215.

飯村大智 (2019a). 吃音のある人の受験と就職支援について. 第2回 進学にあたっての対策. 高校保健ニュース第 662 号, 8-9.

飯村大智 (2019b). 吃音のある人の受験と就職支援について. 第3回 充実した社会人生活を目指して. 高校保健ニュース第 664 号, 8-9.

飯野由里子・星加良司・西倉実芽 (2022). 「社会」を扱う新たなモード——「障害の社会モデル」の使い方. 生活書院.

今富摂子 (2021). 小児の発話障害の原因と分類. 藤田郁代 (シリーズ監修), 城本 修・原 由紀 (編集) 標準言語聴覚障害学 発声発語障害学. 医学書院. pp.128-137.

Jaarsma, P. & Welin, S. (2012). Autism as a natural human variation: Reflections on the claims of the neurodiversity movement. *Health Care Analysis*. 20(1), 20-30.

梶田和宏・木内敦詞・長谷川悦示・朴 京眞・川戸湧也・中川 昭 (2018). わが国の大学における教養体育の開講状況に関する悉皆調査研究. 体育学研究, 63(2), 885-902.

加藤正子・竹下圭子・大伴 潔 (2012). 特別支援教育における構音障害のある子どもの理解と支援, 学苑社.

Kaufman, A. S. & Kaufman, N. L. (著), 日本版 KABC-II 制作委員会 (訳編) (2013). 日本版 KABC-II. 丸善出版.

菊池良和 (2014). 吃音のリスクマネジメント——備えあれば憂いなし. 学苑社.

楠 敬太・池谷航介・望月直人 (2016). 高等教育機関に在籍する課題を有する留学生の実態把握に関する研究——国公立大学でのインタビュー調査を通して. 大阪教育大学紀要第IV部門教育科学, 65(1), 7-14.

小林宏明・宮本昌子 (2018). 吃音のある小学生の発話・コミュニケーション活動と小学校生活への参加の質問紙調査. 音声言語医学, 59(2), 158-168.

Kondo, T., Takahashi, T., & Shirasawa, M. (2015). Recent progress and future challenges in disability student services in Japan. *Journal of Postsecondary Education and Disability*, 28(4), 421-431.

Lyon, G. R., Shaywitz, S. E., & Shaywitz, B. A. (2003). Defining dyslexia, comorbidity, teachers' knowledge of language and reading: A definition of dyslexia. *Annals of Dyslexia*, 53, 1-14.

Maenner, M. J., Shaw, K. A., Baio, J., et al. (他 31 名) (2020). Prevalence of autism spectrum disorder among children aged 8 years: Autism and developmental disabilities monitoring network, 11 sites, United States, 2016. *MMWR Surveillance Summaries*, 69(4), 1-12.

松本ちひろ（2021）．ICD-11「精神，行動，神経発達の疾患」構造と診断コード．精神神経学雑誌，123(1)，42-48.

宮島 祐・石田 悠（2010）．ADHD の薬物療法．*Pharma Medica*, 28(11), 29-32.

文部科学省（2003）．今後の特別支援教育の在り方について（最終報告）．https://www.mext.go.jp/b_menu/shingi/chousa/shotou/054/shiryo/attach/1361204.htm［2023 年 7 月 12 日閲覧］

文部科学省（2017）．障害のある学生の修学支援に関する検討会報告（第二次まとめ）．https://www.mext.go.jp/b_menu/shingi/chousa/koutou/074/gaiyou/1384405.htm［2023 年 8 月 3 日閲覧］

文部科学省（2020）．学校基本調査 令和 2 年度結果の概要．https://www.mext.go.jp/b_menu/toukei/chousa01/kihon/kekka/k_detail/1419591_00003.htm［2023 年 7 月 25 日閲覧］

文部科学省（2022）．通常の学級に在籍する特別な教育的支援を必要とする児童生徒に関する調査結果（令和 4 年）について．https://www.mext.go.jp/content/2022/1421569_00005.htm［2024 年 1 月 19 日閲覧］

文部省（1999）．学習障害児に対する指導について（報告）．https://www.mext.go.jp/a_menu/shotou/tokubetu/material/002.htm［2023 年 7 月 14 日閲覧］

Nadeau, K. G. (2006). *Survival guide for college students with ADHD or LD 2nd ed.* Magination Press.

中井昭夫（2019）．発達性協調運動障害の理解と支援の方向性．辻井正次・宮原資英（監修）発達性協調運動障害［DCD］．金子書房，pp.45-70.

日本学生支援機構（2020）．令和元年度（2019 年度）大学，短期大学，および高等専門学校における障害のある学生の修学支援に関する実態調査結果報告書．https://www.jasso.go.jp/statistics/gakusei_shogai_syugaku/2019.html［2023 年 8 月 3 日閲覧］

日本学生支援機構（JASSO）（2022）．令和 3 年度（2021 年度）大学，短期大学及び高等専門学校における障害のある学生の修学支援に関する実態調査結果報告書．https://www.jasso.go.jp/statistics/gakusei_shogai_syugaku/__icsFiles/afieldfile/2022/08/17/2021_houkoku_2.pdf［2023 年 7 月 25 日閲覧］

日本学生支援機構（JASSO）（2023）．令和 4 年度（2022 年度）大学，短期大学及び高等専門学校における障害のある学生の修学支援に関する実態調査結果報告書．https://www.jasso.go.jp/statistics/gakusei_shogai_syugaku/__icsFiles/afieldfile/2023/9/13/2022_houkoku3.pdf［2023 年 12 月 8 日閲覧］

Ohnishi, T., Kobayashi, H., Yajima, T., Koyama, T., & Noguchi, K. (2019). Psychiatric comorbidities in adult attention-deficit/hyperactivity disorder: prevalence and patterns in the routine clinical setting. *Innovation in clinical neuroscience*, 16(9-10), 11-16.

Preston, K. (2013). *Out with it: How stuttering helped me find my voice.* Simon & Schuster, Inc. ［辻 絵里（訳）（2014）．吃音者を生きる──言葉と向き合う

私の旅路. 東京書籍.]

Rong, Y., Yang, C., Jin, Y., & Wang, Y. (2021). Prevalence of attention-deficit/hyperactivity disorder in individuals with autism spectrum disorder: A meta-analysis. *Research in Autism Spectrum Disorders*, 83, 101759.

齋藤万比古（編集）(2016). 注意欠如・多動症－ ADHD －の診断・治療ガイドライン 第 4 版. じほう.

Saito, M., Hirota, T., Sakamoto, Y., Adachi, M., Takahashi, M., Osato-Kaneda, A., Kim, Y. S., Leventhal, B., Shui, A., Kato, S., & Nakamura, K. (2020). Prevalence and cumulative incidence of autism spectrum disorders and the patterns of co-occurring neurodevelopmental disorders in a total population sample of 5-year-old children. *Molecular Autism*, 11, 1-9.

Sparrow, E. P. & Erhardt, D. (2014). *Essentials of ADHD assessment for children and adolescents*. Wiley.

高橋知音・三谷絵音（2022). 読み書き困難の支援につなげる 大学生の読字・書字アセスメント――読字・書字課題 RaWF と読み書き支援ニーズ尺度 RaWSN. 金子書房.

田中裕美子（2010). 特異的言語障害. 藤田郁代（シリーズ監修），玉井ふみ・深浦順一（編集），標準言語聴覚障害学 言語発達障害学，医学書院，pp.136-148.

宇野 彰・春原則子・金子真人（2002). 標準抽象語理解力検査. インテルナ出版.

宇野 彰・春原則子・金子真人・Wydell, T. N.（2017). 改訂版標準読み書きスクリーニング検査――正確性と流暢性の評価. インテルナ出版.

World Health Organization (WHO) (1980). *International classification of impairments, disabilities and handicaps*. WHO.

WHO (2018). *International classification of diseases for mortality and morbidity statistics eleventh revision*. WHO.

WHO (2001). *International Classitication of Functioning, Disability and Health*. [障害者福祉研究会（編）(2022). 国際生活機能分類（ICF）――国際障害分類改定版. 中央法規.]

Wydell, T. N. & Butterworth, B. (1999). A case study of an English-Japanese bilingual with monolingual dyslexia. *Cognition*, 70, 273-305.

Yaruss, J. S. & Quesal, R. W. (2004). Stuttering and the international classification of functioning, disability, and health (ICF): An update. *Journal of Communication Disorders*, 37(1), 35-52.

Yuan, H. & Dollaghan, C. (2020). Applying item response theory modeling to identify social (pragmatic) communication disorders. *Journal of Speech, Language, and Hearing Research*, 63, 1916-1932.

高等教育における
アセスメント概論

学生を理解し効果的な支援につなげるための情報を収集する方法である，アセスメントの概要とその実施体制について紹介する。高等教育機関において，誰が修学支援ニーズのある学生のアセスメントを行えるだろうか。アセスメントを行う専門スタッフや，大学内外でどのようにそのスタッフが位置づいているか，英国，米国，国内の大学等における事例を取り上げ，今後，期待されるアセスメントの提供体制や課題について示す。

高等教育における
アセスメント概論

1 高等教育におけるアセスメント

1.1 アセスメントとは

　アセスメントという言葉は，日本では主に，客観的に「評価する」「査定する」という意味で用いられる。様々な場面やニュアンスで用いられることが多い言葉ではあるが，それゆえに，アセスメント対象の属性や業界・分野を明確にする必要がある。例えば，

- ・アセスメントの対象は人間なのか，それとも環境なのか。対象が人間の場合は，個人なのか，対象が属する集団なのか
- ・アセスメントを用いる文脈は，どのような業界・分野（心理・教育・看護・福祉・ビジネス……）なのか

である。本書においては，「高等教育機関（以下，大学等）に在籍する学生の発達障害の特性を調べる個別の心理・教育的アセスメント」という文脈に焦点化し，論じていく。

　発達障害児者の指導・支援に際してアセスメントは重要であるという言葉をしばしば耳にするが，そもそもなぜアセスメントを行うのだろうか。医学的な診断を受けるため，合理的配慮の申請のため，自分自身の特性を理解するため，など様々な理由が考えられるが，上野・松田・小林・木下（2015）によると，「アセスメントにあたっては，それを受けようとする者（対象者）の相談内容（主訴）がある。…（略）…アセスメントは，対象者を客観的にとらえ，その人のより良い生活に向けての必要な指導や援助の在り方を考える情報を得ることである。ひいては，それが対象者にとっての自己実現に役立つことというのが最終目標である」と述べている。つまり，心理検査・知能検査等を活用したアセスメントは，単に診断名をつけることが目的なのではなく，アセスメント結果を踏まえて，対象者が抱える機能障害を明確にし

つつ，どのような状況であれば対象者が本来の能力を発揮しやすいのか，修学支援のための手がかりを得ること，日常生活における環境調整を通して，生活の質（QOL）をあげること等の目的があると考えられる。また，そうして日常生活における成功体験を通した，対象者の自己理解・自己実現につなげるという目的もあるだろう。実際に，高橋（2012）は，大学等における発達障害のある学生への支援に必要なアセスメントとして，「支援ニーズを探るアセスメント」と「学生理解のためのアセスメント」を挙げている。このアセスメントが果たす役割の詳細については，次節において詳述する。

　近年，発達障害やグレーゾーン，大人の発達障害といった言葉が様々なメディアで取り上げられ，周知されつつあるが，それらの言葉だけが一人歩きする様子であったり，発達障害児者の支援対応に苦慮したりする様子がしばしば散見される。一人ひとりに合った適切な支援を考えるためには，一人ひとりの多様なニーズに応じた支援方法の検討や発達障害児者の支援に携わる人材養成の必要性が考えられる。また，大学等における障害のある学生への支援においては，発達障害の可能性のある学生からの支援申請における根拠資料の確認や，自身の特性をよりよく理解するためにアセスメントが重要である。

　一方で，アセスメントには限界や留意点も存在する。まず，アセスメントの限界として，以下の2点が考えられる。
・心理検査・知能検査は万能なツールではない
・大学等に所属する発達障害のある学生，または発達障害の傾向が疑われるすべての学生に対して，心理検査・知能検査等を実施することは時間的・物理的コストを考えると垷実的ではない

　「心理検査・知能検査は万能なツールではない」ということについて，フラナガンとカウフマン（2014）は，「対象者を見立てる際に，面接や行動観察等のインフォーマルなアセスメントと心理検査・知能検査等のフォーマルなアセスメントを組み合わせることが望ましい。そうすることによって，検査場面ではなく様々な場面における対象者の様子を把握することができ，対象者の理解を深めることができる」と指摘している。つまり，フォーマルなアセスメントから算出される数値だけではなく，行動観察や聴き取りも踏

　まえた総合的な解釈が大切である（吉村ら，2015）ことがいえるだろう。

　アセスメントの限界の 2 点目について，篠田・島田・篠田・高橋（2019）は，「各大学等における従前の資源には限りがあり，大学等に所属する発達障害のある学生，または発達障害の傾向が疑われるすべての学生に対して，心理検査・知能検査等を実施することは時間的・物理的コストを考えると現実的ではない」ことを指摘している。これは多くの大学等が抱える問題であると考えられる。

　篠田ら（2019）はそれらを踏まえて，「大学生の精神的健康を測定する University Personality Inventory の評定尺度版（UPI-RS）と注意欠如多動症（Attention Deficit Hyperactivity Disorder: ADHD）・自閉スペクトラム症（Autism Spectrum Disorder: ASD）関連困り感質問紙（高橋ら，2015）といった質問紙を活用し，修学上の困りごとの度合いが高い学生のスクリーニングが重要である」ことについて言及している。ただ，単一の質問紙ではその背後にある鑑別のしにくい症状のリスクを明らかにすることができず，発達障害のスクリーニングにおいてはテストバッテリーが必須であること（吉田・田山・西郷・鈴木，2017），困り感質問紙の得点が高くても相談を希望しない学生や相談に来ない学生も一定数いること（篠田ら，2019）も指摘されている。修学上のつまずきがみられる学生の早期ピックアップの一助として，質問紙から得られた結果をどのように活用し，より詳細なアセスメントや修学支援につなげられるかが重要である。

　アセスメントは，修学支援の基盤となるだけに，その結果から対象者の機能障害や困りごとの度合いを明確にし，修学支援につなげるという姿勢が重要である。篠田ら（2019）によると，その機能障害と合理的配慮の提供に向けた建設的対話や，学生本人の認知的特徴と教員の求める学修方法や内容にミスマッチが生じている点について共通理解を図ることが重要であるとされており，その連絡・調整，具体的な支援内容の提案もアセスメントの専門家（アセッサー）が果たすべき役割となる可能性もある。アセスメントではその十分なエビデンスを集め，建設的対話を通して，対象学生に関与する支援者が納得できるような修学支援を検討していくことが求められる。

（中野泰伺）

1.2　アセスメントの役割

　前項において，アセスメントは，心理検査・知能検査（フォーマルなアセスメント）のみならず，行動観察や対話，聴き取り（インフォーマルなアセスメント）を組み合わせつつ，対象者が抱える機能障害を明確にすること，どのような状況であれば対象者が本来の能力を発揮しやすいのか，支援のための手がかりを得ること等を目的とした，修学支援を下支えするものであることについて触れた。そのようなアセスメントの役割について，高橋（2012）は，大学等における発達障害のある学生への支援に必要なアセスメントとして，「支援ニーズを探るアセスメント」と「学生理解のためのアセスメント」を挙げている。

　「支援ニーズを探るアセスメント」とは，学生に関わる大学等の支援者が，学生の困りごとに対してできるだけ早い段階で気づき，対応することである。また，不登校や中退，メンタルヘルスの問題など，二次障害ともいえる深刻な問題に発展する前に，学生と一緒に困りごとに対する対策を考えることが重要である（高橋，2012）。そのようなスクリーニング機能を有する質問紙として，「ASD/ADHD 困り感質問紙」があるが，これは，ASDやADHDのある人が日常生活で経験することが多い困り感を自己評価するための質問紙である。あわせて，それらの困り感に関する相談希望の有無を問いかけていることも特徴である。「ASD/ADHD 困り感質問紙」については，第3章第1節（p.75）で詳述されているため，そちらを参考にされたい。

　高橋（2012）が指摘している「学生理解のためのアセスメント」は，「支援ニーズを探るアセスメント」を踏まえたうえでのアセスメントであると捉えることができる。すなわち，「どのようなこと」が，「なぜ」難しいのかに関する情報収集を行うとともに，「どのようなこと」が，「どのような環境であればできるのか」に関する情報収集が支援に際しての重要な手がかりになる。このような情報収集手段には，心理検査・知能検査，いわゆるフォーマルなアセスメントのみならず，本人からの聴き取り，関係者からの聴き取り等を含むインフォーマルなアセスメントも考えられ，これらを組み合わせて情報を集めることが「学生理解のためのアセスメント」において重要である

（高橋，2012）。

　このように，学生を取り巻く状況や修学支援ニーズ，それらを踏まえて予想される発達障害の特性は千差万別であり，高橋（2012）は，この情報収集と解釈の過程を「アセスメント」と呼んでいる。対象者に応じて，様々なアセスメントツールを使い分けたり，複数を組み合わせたりしていくことになる。アセスメントの目的に合わせて複数の検査を組み合わせることをテストバッテリーというが，テストバッテリーについては，第 3 章第 5 節「テストバッテリーの組み方と留意点」（p.101）を参照されたい。

　教育の文脈の中で「どのようにしたら学生がその教育機関で力を発揮できるか」の手がかりを得るためのアセスメントを「心理教育的アセスメント」と呼ぶことがある。心理教育的アセスメントには心理検査も含まれるが，心理検査だけでなく，本人からの聴き取りや，行動観察，日ごろからその学生と関わる教職員や家族からの聴き取りも，学生を理解するうえで不可欠な情報である。アセスメントはそれらすべての情報を整理し，解釈することで，「どのような支援をするか」を決定するための材料を得る過程であるといえる。また，アセスメントは，合理的配慮を検討するために必要な情報も提供する。合理的配慮の内容を検討するには，診断名以上に機能障害に関する客観的データが必要になる。さらに，心理教育的アセスメントを実施するには，発達障害の特性に関する専門的な知識とともに，心理検査・知能検査の実施および解釈スキルが必要になる。学生との面談にあたってはカウンセリング・傾聴スキル，学生の「困り感」に関する見立てのスキル等も必要であり，心理士等の専門資格を有することが望ましいとされている。このような心理士等の専門家（アセッサー）に関しては次節にて詳述するが，その役割等については，諸外国と比べて日本ではその検討がいまだ十分ではない。本書を通じて，アセスメントやアセッサーに関する議論が深まることを期待したい。

　最後に，アセスメントというと，先述した心理検査・知能検査を思い浮かべる読者が多いと思われる。確かに，専門的なスキルをもとに，対象者の機能障害を評価し，支援の方向性を検討することも立派なアセスメントである。ただ，アセスメントを構成する要素としては，それだけではないのでは

ないだろうか。すなわち，心理検査・知能検査をひとつの媒介物として，対象者とアセッサーが関係性を構築していく過程も重要であり，対象者との対話を通して，対象者の人となりを理解していくこともアセスメントの重要な役割ではないかと考えられる。対話を通して関係性を構築していくことが，効果的な支援を行うための第一歩であり，重要な前提条件となると思われる。

（中野泰伺）

② 諸外国におけるアセスメントを担う専門家とその役割

2.1 海外におけるアセスメントの専門家（アセッサー）とは

　海外の大学等において，支援の基盤となるアセスメントはどのような立場の人が実施しているだろうか。情報が入手しやすく，障害のある学生の支援が充実している英国と米国の例を紹介する。

2.1.1 英国の場合

　英国の大学等における障害のある学生の支援では，合理的調整（英国における合理的配慮の名称）を含め，費用のかかる支援に対して，政府から個々の学生に障害学生手当（Disabled Students' Allowance: DSA）が支給される。この過程で，診断的アセスメントとニーズアセスメントの２段階のアセスメントがある。診断的アセスメントは，DSA の対象となるかどうかの根拠資料，すなわち障害があることを示す根拠を得るためのアセスメントである。もうひとつは，ニーズアセスメントで，受講している授業等も踏まえて，具体的にどのような支援が受けられるかを検討するためのアセスメントである。

　アセスメントの実施者は，障害の種類によっても異なる。英国で障害のある学生の約半数を占めるのは特異的学習困難（Specific Learning Difficulty: SpLD）である。SpLD は綴り字，読み書き，計算が他の能力に比して低い状態で，ディスレクシア，発達性協調運動症 / ディスプラクシア，算数障害，注意欠陥障害（ADD）などを含む（SpLD Working Group,

2005)。SpLD の判定は，医師ではなく，SpLD アセスメント資格（SpLD Assessment Practicing Certificate）を持ったサイコロジストもしくは専門教員（specialist teacher）が担当する。専門教員は SpLD のある子どもの指導やアセスメントについての専門訓練を受けた教員である。

　SpLD 以外の障害の診断を行うのは医療機関となり，障害の種類によって医師，サイコロジスト，その他の医療スタッフが診断書を作成する。

　ニーズアセスメントを実施するのは，DSA スタディニーズ・アセスメントセンターであり，アセスメントの担当者は（ニーズ）アセッサーと呼ばれる。英国内に 60 あまりのセンターがあり，大学の障害学生支援部署に併設されていることが多い（諏訪・望月・吉田・中野・楠，2017）。

　大学の中で実際に支援の調整，手配をするのは大学の障害学生支援部署のスタッフである。また，政府からの経費支給の対象とならないような支援も，アセスメント結果を踏まえて検討される。これらの役割を担うのは，支援部署のスタッフであるアドバイザーである。なお，このアドバイザーの中には SpLD のアセスメント資格を持っている人もいて，その場合は大学内で診断的アセスメントを実施する場合もある。

2.1.2　米国の場合

　米国の大学等では，障害の根拠資料として包括的なアセスメントの報告書が必要な場合，学生が学外でそれを入手することになる。発達障害に関する報告書の入手先は，医療機関や開業サイコロジストになる。発達障害に関する心理教育的アセスメントを実施するのは，スクール・サイコロジストもしくはクリニカル・サイコロジストなど，有資格のサイコロジストである。

　2008 年の障害のあるアメリカ人法改正法により，根拠資料の主たる目的は障害の有無を示すことから，機能障害を踏まえてどのような合理的配慮が必要かを示すことになった（Keenan et al., 2018）。それでも，専門機関によるアセスメントの結果が不要ということではない。とりわけ，大学入学後初めて発達障害の可能性を考えるケースなどでは，検査結果等も必要となる。大学内の保健センターに医師やサイコロジストがいる場合は，学外で医療機関等を受診するよりは安価にアセスメント等を受けることができる。例

外的に，ジョージア州は州立大学の中に発達障害のアセスメントセンターのような位置づけの機関を設置して，学生が少ない負担でアセスメントを受けられるようになっている。

（高橋知音）

2.2　ケンブリッジ大学の例

英国のケンブリッジ大学では，障害のある学生の中でも SpLD，とりわけディスレクシアのある学生が多く在籍している。このような背景から，障害学生支援部署である Disability Resource Centre（DRC）においては，読み書きを中心としたアセスメントが行われている。ここでは，2016年11月に筆者が DRC を訪問した際，DRC スタッフから聴取した内容や得られた資料に基づいて，発達障害のある学生に対するアセスメントプロセスを概説する。

アセスメントプロセスは，「A．スクリーニング」と「B．診断的アセスメント」の2つのパートに分かれており，それらの結果に基づき，「C．合理的調整や支援」が行われる（図 2-2-2）。以下にそれぞれの具体的な手続きや内容について述べる。

A．スクリーニング

このパートでは，学生との半構造化面接や質問票によって学生の困難さの背景要因を推定する。

①学生からのコンタクト

・学生からの申し出を受けて，DRC のスタッフが，スクリーニングインタビューの日程を調整し，守秘義務契約書と自記式の事前質問票を送り，それに記入するよう求める。あわせて，自分で書いた未修正の講義ノートなども提出するよう求める。

・質問票の内容は，主に病歴（てんかんや精神疾患の有無など）や，生育歴，教育歴，学習上の課題，その他修学に関係する情報（読み書き，聞くこと，計算，記憶，視空間的な情報処理，目と手の協応，協調運動，社会性など）を含む。

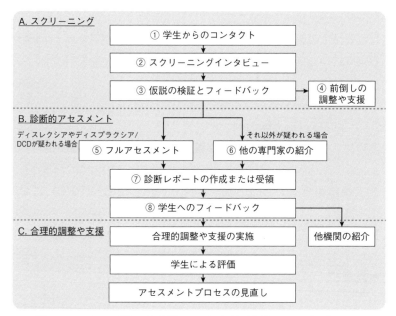

図 2-2-2　ケンブリッジ大学 DRC におけるアセスメントプロセス

・読み書きの困難さが疑われる場合には，視機能に異常がないことを確認するために，視力検査や visual stress（視覚刺激に対する過敏さ）の検査が可能な眼科を受診しておくように勧める。

②スクリーニングインタビュー

・半構造化面接が行われる（90 分）。これは，学生の質問票から得られた情報に基づく仮説を検証するために行われる。

・質問票の聴き取りに加えて，想定される障害に合わせて，標準化された検査が実施される（表 2-2-2-a）。

③仮説の検証とフィードバック

・スクリーニングの結果に応じて，診断的アセスメントを受検することが提案される。

・スクリーニングの所見は，診断的アセスメントを行うアセッサーに渡される。所見の主な内容は，学生の基本情報（学生の氏名，所属，インタビューの日時）や，学業成績，学生のスーパーバイザーによるコメン

表 2-2-2-a　スクリーニングインタビューで用いられる検査の例

障害	検査名
ディスレクシア	・Wide Range Assessment of Memory and Learning（WRAMLS） ・Wide Range Achievement Test-Fourth Edition（WRAT-4） ・Comprehensive Test of Phonological Processing（CTOPP） ・Test of Word Reading Efficiency-Second Edition（TOWRE-2）
ADHD	・Adult ADHD Self-Report Scale（ASRS） ・Diagnostic Interview for ADHD in adults（DIVA） ・Conners' Adult ADHD Rating Scales（CAARS） ・Wide Range Assessment of Memory and Learning（WRAMLS）
ディスプラクシア / DCD	・Adult DCD/dyspraxia Checklist（ADC） ・Beery-Buktenica Developmental Test of Visual-Motor Integration（Berry VMI）
ASD	・Autism-Spectrum Quotient（AQ） ・Empathy Quotient（EQ）

ト，スクリーニングインタビュー時に実施した検査の結果が含まれる。

④前倒しの調整や支援

・スクリーニングの結果に基づき，診断的アセスメントの前に，前倒しで合理的調整や支援が提供されることもある。

B. 診断的アセスメント

このパートでは，スクリーニングの結果に基づき，診断的アセスメントを実施する。試験時の合理的調整や DSA の申請のためには，フルアセスメントが必要となる。

⑤フルアセスメント

・DRC でフルアセスメントを実施するのは，ディスレクシアとディスプラクシア /DCD が想定される学生のみであり，実施にあたっては，SpLD Working Group 2005/DfES（Department for Education and Skills）Guideline に掲載されている検査リストや診断的ア

　　セスメントのレポートのフォーマットが利用される。使用される検査の
　　一例を表 2-2-2-b に示した。

⑥他の専門家の紹介

・ADHD が疑われる場合には，スクリーニングの所見を持ってかかりつ
　け医（General Practitioner: GP[1]）を受診し，成人の ADHD 専門
　の精神科医にリファーしてもらう。

・ASD が疑われる場合には，スクリーニングの所見を持って GP を受診
　し，ASD の診断的アセスメントを行う専門機関である Cambridge
　Lifespan Asperger Syndrome Service（CLASS）にリファーし
　てもらう。

⑦診断レポートの作成または受領

・フルアセスメントの結果としてのレポートを作成する。学外でアセスメ
　ントを実施した場合は，実施機関からレポートを受領する。

⑧フィードバック

・診断レポートに基づいて，以下を含む内容を学生に説明する（90 分）。

表 2-2-2-b　フルアセスメントで用いられる検査の例

検査の種類	検査名
知能検査 / 記憶検査	・Wechsler Adult Intelligence Scale-Fourth Edition（WAIS-Ⅳ） ・Wecheler Memory Scale（WMS） ・Wechsler Abbreviated Scale of Intelligence（WASI） ・The Wide Range Intelligence Test（WRIT）
読み書きに関する検査	・Wide Range Achievement Test-Fourth Edition（WRAT-4） ・Comprehensive Test of Phonological Processing（CTOPP） ・Test of Word Reading Efficiency-Second Edition（TOWRE-2） ・Advanced Reading Comprehension Test（ARC）

1　英国の医療体制として，日常的かつ総合的に患者を診察する，かかりつけ医を介して専門医を
　受診することとなっている。

> ● フルアセスメントの結果から，なぜその診断がなされたのか，あるいはどのような合理的調整や支援が助けになるか
> ● 学生個人の強みやこれから伸ばしていける能力
> ● DSA の申請や，DSA の申請が通るまでのサポート（スタディスキルサポート，メンタリング，機器の貸与など）に関する情報

・学生の状態に応じて，他機関を紹介されることもある（例えば，薬物治療が必要な場合など）

C. 合理的調整や支援

診断的アセスメントの結果に基づいて，合理的調整や支援が提供され，定期的に学生がその内容を評価する機会が設けられている。さらに，学生からの評価に応じて，アセスメントプロセスの見直しも行われる。

（青木真純）

2.3 ジョージア大学の例

米国のジョージア大学（University of Georgia）の LD センター（Regents' Center for Learning Disorders）は，LD のアセスメントの提供を主な役割とした特徴的な組織である。ここでは，ウェブページ[2] の情報をもとに，LD センターの概要を紹介する。

2.3.1 LD センターの概要

人口約 1,000 万人の米国ジョージア州には，26 の州立大学があり，それらを統括する組織として州立大学機構（Board of Regents）がある。ジョージア大学にある LD センターは州立大学機構によって設立された組織で，州内に 3 カ所あるセンターのひとつである。利用できるのは，ジョー

---

[2] https://www.rcld.uga.edu/
https://www.usg.edu/academic_affairs_handbook/section3/C679/#p3.3.1_regents_centers_for_learning_disorders ［2023 年 12 月 22 日閲覧］

ジア州立の大学の学生および入学が認められた高校生であるが，空きがあればそれ以外の高校生，大学生も利用できる。

　主な役割は，読み，書き，数学，学習，注意，自己管理，気分，不安などに関連する学修困難のある大学生を対象に，包括的アセスメントを安価（500 ドル）で提供することである。学生は，LD，ADHD，ASD，うつ，不安，脳損傷などの診断と，包括的な報告書を得ることができる。

　他の機能として，以下のようなサービスを提供する。①各センター管轄の大学の依頼を受け，合理的配慮を求める学生から提出された根拠資料の検討を行う，②適切な合理的配慮の内容について助言する，③アウトリーチ，コンサルテーション，プログラム開発などを通して，学生，教職員，地域の障害のある学生への支援に関わる専門機関を支援する，④心理学，教育学，その他関連分野の大学院生に実習の機会を提供する，⑤障害のある学生への支援に関するアセスメントや合理的配慮に関する研究を行う。

　アセスメントを行うのは有資格のサイコロジストである。組織には他に施設責任者であるセンター長と，利用者や外部機関とのやりとりや助言を行うリエゾンが所属している。

　米国の大学等における支援対象となる障害のある学生のうち，LD，ADHD，精神障害は最も多い障害カテゴリーとなっている。LD に関する診断と支援の歴史が長い米国でも，診断基準については今なお議論が続き，合理的配慮が認められる基準も州によってばらばらである。そうした中，ジョージア州内の 3 つの LD センターは，同じ評価手続き，テストバッテリー，報告書の書式を用いることによって，州立大学内で一貫した判断をすることが可能になっている。州立大学の学生であっても，LD センター以外でアセスメントを受けることができるが，そうした外部機関で作成された根拠資料であっても，LD センターのものと同様の基準で検討される。

2.3.2 アセスメントの手続き

　LD センターの利用希望者に向けて，まず所属する大学の障害学生支援室，もしくは所属する高校のカウンセラーに相談することを推奨している。利用が決まると，関係書類一式を送付する。利用希望者が提出書類を返送

表 2-2-3　アセスメントの流れ

	時間	内容
1 日目	4 〜 5 時間	聴き取り，学力（読み，書き，数学），自記式質問紙
2 日目	4 〜 5 時間	認知機能，言語能力，学修に影響を及ぼす他の心理的要因に関するテストバッテリー
フィードバック	1 〜 2 時間	結果の説明，合理的配慮と支援に関する助言，学生からの質問

し，費用を支払うと，日程調整が行われる。アセスメントとフィードバックは表 2-2-3 のように行われ，その後，報告書が郵送される。センターへの移動に時間がかかる場合など，フィードバックセッションが電話で行われる場合もある。

　州立大学の中でも，大学の規模は様々である。リソースが限られた大学であっても，共同利用施設として LD センターを利用することで，高い専門性と一貫した判断で支援を提供することができる。また，一般に発達障害の診断を得るための費用が高額になりがちな米国において，費用を安く抑えてアセスメントを提供するサービスは，支援を受けるための障壁を減らすという意味においても，意義のあるものである。

（高橋知音）

③　日本におけるアセスメントを担う専門家とその役割

3.1　日本におけるアセスメントを担う専門家の必要性

　日本の教育分野において，「アセッサー」という言葉はまだまだ馴染みがなく，もしかすると聞き馴染みのない読者が多いかもしれない。人材育成・研修・マネジメント用語集[3] によると，アセッサー（assessor）は直訳すると「評価・査定を行う人」という意味で用いられている。また，本邦においては，現在，主に人材育成や介護の分野で使用されている。人材育成領域においては，ヒューマンアセスメントの場面で対象者の観察および評価・査

---

[3] https://www.recruit-ms.co.jp/glossary/dtl/0000000022/ ［2023 年 10 月 17 日閲覧］

定を行う人という意味で用いられることが多く，介護の分野では，介護職員のキャリアおよびスキルアップを推進・支援していく役割を担う人材とされている。

　英国ならびに米国におけるアセッサーは，前節のとおりであるが，とりわけ，英国では，診断的アセスメント，ニーズアセスメントともに大学内または障害学生支援部署に併設されたアセスメントセンターで実施されることが多く，その実施担当者は，医師ではなく，学内におけるサイコロジストまたはアセスメントについての専門的な訓練を受けた教員である（諏訪ら，2017）。

　では，なぜ発達障害のある学生の支援においてアセスメントの専門家が必要なのだろうか。それは，前述（第 1 章第 6 節，p.35）のとおりであるが，一口に発達障害とはいってもその状態は多様であり，学生を取り巻く状況も一人ひとり異なることから，オーダーメイドな修学支援を展開していく必要があるためである。日本学生支援機構（2023）の調査で報告されたように，大学等に在籍する発達障害の診断またはその傾向のある学生が増加傾向にある状況を考慮すると，英国や米国における障害のある学生の支援を取り巻く環境に倣い，日本においてもアセスメントを実施できる体制を整備していくことが必要である。そのためには，アセスメントを担う専門家（アセッサー）は必須の職種であると考えられる。

　アセッサーという専門職に関する定義は，日本においていまだ存在せず，アセッサーが担う役割は各大学等における修学支援体制等の環境との相互作用により変化することが想定される（図 2-3-1）。本書におけるアセッサーの定義としては，「主に大学等において，修学支援ニーズのある学生を対象に，心理検査・知能検査（フォーマルなアセスメント）のみならず，行動観察や対話，聴き取り（インフォーマルなアセスメント）を組み合わせつつ，対象者が抱える機能障害と修学支援ニーズを評価できる専門家」とするが，あくまで本書における定義とご理解いただきたい。

　また，大学等におけるアセッサーに求められるスキル・専門性としては，発達障害の特性に関する専門的な知識，心理検査・知能検査の実施および解釈のスキルが必要であるとともに，学生との関係性構築にあたって必要であ

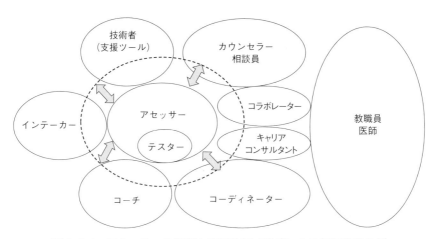

図2-3-1　アセッサーの役割と支援体制（環境）との相互作用の例
（中野・脇が本書用に作成）

ると考えられる傾聴スキルやコミュニケーション能力等も挙げられるであろ
う。さらに，「困り感」の高い学生に関する情報を総合的・客観的にとら
え，その学生を取り巻く環境をコーディネートしていくスキルも必要になる
かもしれない。このように様々なスキルが求められるアセッサーであるが，
その前提条件として，金子書房が規定する心理検査の購入資格[4]を参考とす
ると，Level Bに準ずる専門性（心理検査等を扱う訓練を受けた心理に関
する専門資格）を有することが望ましいと考えられる。

　繰り返しにはなるが，このアセッサーの役割，日本の大学等においてア
セッサーがどこまで対応すべきかということは未確定である。ただ，少なく
とも高度な専門性や多様なスキルが求められる対人援助職であることは間違
いないだろう。また，発達障害の診断またはその傾向のある学生数が増加し
ていることからも，アセッサーは今後の大学等において必要不可欠な専門職
と位置づけられるようになることも想定される。アセッサーの果たすべき役
割については，次項において詳述する。

（中野泰伺）

---

[4]　金子書房ウェブサイト内，「購入資格」のページを参照。
　https://www.kanekoshobo.co.jp/company/c671.html ［2023年10月17日閲覧］

3.2 アセッサーの職務内容と果たすべき役割

前項において，アセッサーの業務における専門性として，心理検査等を扱う訓練を受けた心理に関する専門資格を有することが望ましいことについて触れた。ただ，心理に関する専門的な資格を有しているからといって全員が高等教育の修学支援事情に詳しいわけではなく，それぞれ専門的な分野がある。そのため，必要に応じて，地域の心理士会に相談する，二次障害も含めた他の機能障害や疾患の可能性を考慮し医療機関の受診を勧める等の各専門家間での臨機応変な連携がアセッサーには求められるだろう。また，アセッサーの職務内容は大学等における支援体制との相互作用により変化すること，すなわち，修学支援ニーズの高い学生のアセスメントに関する専門家（スペシャリスト）の役割を担ったり，コーディネーター等の幅広い役職を兼務する専門家（ジェネラリスト）の役割を担ったりと，非常に柔軟な対応が求められることも想定される。

まずは，スペシャリストとしてのアセッサーの職務内容について細かくみていきたい。職務内容として主に想定されるのは，学生の困りごとを踏まえて支援の方向性を示し，フォーマルなアセスメントに関する結果を「翻訳」したり，外部の医療機関におけるアセスメント結果や専門的な用語を，学生や教育組織の教員などに理解してもらえるように説明したりすることがある。すなわち，アセッサーは，心理検査等の所見を「翻訳」し，関係機関をつなぐ役割も担うといえるだろう。どの分野にもいえることかもしれないが，「翻訳」というニュアンスの中には，単に言葉を言い換えるだけでなく，相手の背景知識や置かれた状況等を汲み取り，その場や相手に応じた適切な言葉を選択・使用することといった意味合いも含まれるのではないだろうか。ただ，「翻訳」をしすぎることでその言葉が持つ本来のニュアンスや言葉の正確さ・厳密さが失われないようにすることについては，最低限，留意したい。

次に，ジェネラリストとしての職務内容については，制度的な枠組み・バックグラウンドは多少異なる部分もあるが，特別支援教育コーディネーターを例にとって考えるとわかりやすいのではないだろうか。特別支援教育においては，一人ひとりに応じた柔軟な対応やチームによるサポートが合言

葉であり，支援が必要な幼児・児童・生徒に関わる多くの支援者が，アイディアを出し合い，その環境・その子にあった一番よい方法を考えていくというスタンスが理想であるといわれている。特別支援教育コーディネーターは多くの支援者をつなぎ，支援に向けた道筋を調整したり，支援の方向性を決めたりする役割を果たす。

　これは，大学等での修学支援においても共通する，あるいは参考になる部分があるのではないだろうか。「困り感」のある学生に対する修学支援において，アセッサーが連携する関係部署を図 2-3-2 に示した。本書におけるアセッサーは，主に発達障害の診断またはその傾向がある学生の支援を想定しているため，アセッサーが「障害のある学生のための相談部署」に在籍していると仮定して筆者が作成したものである。各大学等によって利用可能な相談機関あるいは関係部署は様々であるが，修学支援に際して，アセッサーは，相談機関や関係部署をつなぎ，カンファレンス等を企画したり，意見をすり合わせたりと，最終的な意思決定に向けて関係部署や情報をコーディネートする必要があるのではないかと考えられる。ジェネラリストとしてのアセッサーには，学生支援に関わる支援者が一人で抱え込みすぎないように

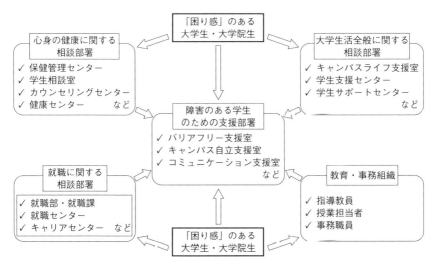

図 2-3-2　アセッサーが連携する関係部署（高橋 , 2014 を参考に作成）

気を配る，風通しのよい関係性・支援体制を構築することが求められると思われる。

　繰り返しになるが，アセッサーに求められる職務内容は，各大学等の置かれた環境に依存する部分が大きいと思われる。修学支援を下支えするアセスメントについては，「どこの」「誰に」依頼をすればアセスメントをしてもらえるのかといったつながりが把握できていることが何よりも重要である。また，アセッサーについて海外と日本を比較すると，海外ではそれぞれの業務・役割が明確であり，スペシャリストが多い。一方，日本においては一人が多くの役職を兼務するジェネラリストが多いのではないだろうか。海外におけるアセッサーの詳細については，前節（本章第 2 節，p.51）をご覧いただきたい。

　今後，日本におけるアセッサー養成を考えた場合には，幅広い役職を兼務することができる「ジェネラリスト」が必要になるだろう。また，大学等における支援コーディネーターとアセッサーの職務・業務分掌等についても議論の余地があると考えられる。あわせて，修学支援体制の構築については，関係部署間の支援を通した対話を積み重ねることによって理想とすべき状態にいかに近づいていけるかというマインドが大切なのではないかと思われる。

（中野泰伺）

3.3　筑波大学の例

　日本の大学におけるアセスメントの例として，筑波大学の取り組みを紹介する。はじめに，筑波大学における修学支援ニーズのある学生に対してアセスメントを実施する専門人材としての「アセッサー」について紹介する。

　筑波大学のアセッサーは，特別支援教育士や臨床心理士，臨床発達心理士，公認心理師などの資格をひとつ，あるいは複数保持している。また，資格取得前の養成段階より，発達障害児者への個別の心理教育的アセスメントを実施し，それに基づく支援を行ってきた。加えて，アセスメントや発達障害支援を専門としている大学教員よりスーパーバイズを受けて支援を実施した経験を持っている。このようなアセッサーを配置し，修学支援ニーズのあ

る学生など希望者に対してアセスメントを行っている。また，合理的配慮を申請する際の根拠資料の作成などが行える体制を整備している。

　筑波大学で行っているアセスメントは大きく２種類ある。ひとつは，全学の学生を対象とした「困りごと強み調査」（以下，困りごと調査；中野ら，2021）という包括的なアセスメントを行っている。こちらは全教育組織を対象に実施している。具体的な流れとしては，全教育組織に依頼し，各教育組織の希望に応じて，困りごと調査用紙を配り回答してもらう方法と，ウェブサイト上のフォームで回答してもらう方法のどちらかで調査を行っている[5]。

　全学的なアセスメントを実施することで，障害の有無にかかわらず学生全員の困りごとについてスクリーニングをする機能を有している。困りごと調査における回答結果より，回答者は学校生活における自身の困りごとについて把握することができる。フィードバックには，「障害」特性に関する記述ではなく，「困りごと」という記述を用いて行うことで，学生が自身の困難に向き合えるように工夫している。加えて，その困りごとの程度に応じて，学内のサポート資源にアクセスできるようにつなげている。例えば，修学に関する困りごとを強く感じている場合には，筑波大学ヒューマンエンパワーメント推進局のウェブサイトの URL[6] を伝えるなど，学生に応じた支援先や工夫を紹介している。

　もうひとつは個別の心理教育的アセスメントである。こちらは，先ほどのスクリーニングとしての困りごと調査とは別に，発達障害の特性を把握する検査と，知能検査を組み合わせて実施しており，希望学生に対して個別に行っている。発達障害の特性を把握する検査としては，第３章で詳述するAQ と CAARS の自己記入式を行っている。また，ADOS-2[7] など発達障害の特性に関するその他の検査を実施する場合もある。知能検査ではWAIS-Ⅳ（p.91）を実施している。また，記憶検査として WMS-R[8] な

---

[5] 刊行時点では，個別の心理教育的アセスメントが学生に広く認知され，希望者が増加したことでスクリーニング機能の必要性が下がったことから，困りごと調査の実施は停止している。

[6] https://dac.tsukuba.ac.jp/shien ［2024 年 1 月 19 日閲覧］（旧 DAC センター）

[7] Autism Diagnostic Observation Schedule Second Edition（自閉症診断観察検査第 2版）：Lord, C. ら（原著），黒田美保・稲田尚子（監修・監訳）（2015）．金子書房．

どを用いている。その他には，CLAS[9]，AASP（p.79）などを行う場合もある。

　個別の心理教育的アセスメントでは，初回実施時に本人より主訴や修学面等の困りごと，アセスメントを受けようと思った経緯について聴き取りを行っている。必要に応じて，高校時代などの様子やこれまで受けた支援，家族の理解などについても聴き取りを行っている。聴き取りがひととおり終わった後に，AQ と CARRS の自己記入式を行っている。その後，日をあらためて WAIS-Ⅳを実施する。実施したアセスメントの結果について，発達障害の特性や知能検査の詳細などを所見としてまとめたものを本人に手渡し，結果についてフィードバックを行う。加えて，困りごとについての工夫や対応例などを記載し，学内で受けられる支援等を紹介するのが一般的な流れである。これらのアセスメントを通じて，支援ニーズの把握や希望者の発達障害の傾向との関連を検討するだけでなく，必要なサポート体制を紹介し，支援につなげている。

　アセスメントは，現状の困りごとに関する情報だけでなく，自分自身について考える機会につなげることができる。一方で，自分の「発達障害」などの特性に関する情報を知るために，アセスメントを受けることの抵抗感が高まることが予想される。筑波大学では，「自分のことをよりよく知るためのきっかけとして，ぜひご活用ください」というような形で，アセスメントを紹介している。実際に，障害特性ではなく自分を知るというステップから，その後の支援等につながる場合もあり，本学ではパンフレットの発行やウェブサイトなどで周知を行っている。アセスメントを通じて，自分自身の特性，自分の強みと弱みを把握することは，修学上の困難に対してどのような工夫ができるかを考えたり，卒業後の進路を考えたりする際に重要な情報となり，最終的には，青年期の大きな課題である「自己理解」を促進することができると考えている。

（脇　貴典）

8　Wechsler Memory Scale Revised（ウェクスラー記憶検査）：Wechsler, D.（原著），杉下守弘（日本版作成）（2001）．日本文化科学社．

9　College Life Anxiety Scale（大学生活不安尺度）：藤井義久（2013）．金子書房．

3.4　大阪大学の例

　筆者が所属する大阪大学においては，障害者差別解消法の施行に合わせ，学生への適切な合理的配慮の提供を目的として，アセスメント部門を創設し，支援や配慮の妥当性についても十分に検討するプロセスを合理的配慮の合意形成のプロセスに組み込んだ。本項では，大阪大学のアセスメント体制を構築した経緯や実際の体制や運用上の利点と課題について概説する。

　アセスメント部門の創設は，筆者の心理士としての現場経験に由来する。適切な支援には客観的なアセスメントによる適応評価や機能評価が重要であることを認識していたが，わが国の障害学生支援の現場ではそれがスタンダードとされていなかったのである。コーディネーターによる本人へのヒアリングや観察も大切なアセスメントではあるが，主観的要素が強くなってしまうことは否めない。当時，発達障害（二次障害も含めて）のある学生が合理的配慮の対象として急増し，配慮内容が多種多様となり始めていた。その結果，学部教員からは，たびたび，合理的配慮の根拠を強く求められるようになった。筆者らは，支援や配慮内容の根拠をコーディネーターによる聴取と主治医の診断書だけとするのは，当事者である学生にとっても，合理的配慮の提供者である大学（教職員）にとっても不利益につながると判断した。このような経緯から，アセスメント部門の設置など，支援体制を再整備するに至った。

　現在，アセスメント体制は組織編成などを経て，臨床心理士 / 公認心理師の資格を持つ教員 1 名がアセッサーとして実務を行っている。実務においては，知能検査だけでなく，適宜，ADOS-2 や CAARS，PARS®-TR[10]など発達障害の特性を直接評価する検査も使用する。なお，アセッサーは，要望される合理的配慮が障害に対して適切かどうかを客観的視点から検討する役割を担うため，障害種に区別なく合理的配慮を申請する全学生に対してアセスメントを行っている。ただし，身体障害のある学生とは異なり，発達障害 / 精神障害のある学生は環境による適応状況の可変性が高いので，配慮申請の更新ごと（1 年ごと）にアセスメントを受ける流れとなっている。

---

[10]　Parent-interview ASD Rating Scale-Text Revision（親面接式自閉スペクトラム症評定尺度 テキスト改訂版）：発達障害支援のための評価研究会（編著）（2013/2018）．金子書房．

　具体的な学生との配慮内容の合意形成の流れを示す（図 2-3-4）。まず，コーディネーターが学生から修学上のニーズや希望する合理的配慮を聴き取り，本人の希望や必要となりそうな配慮内容を想定する。次に，アセッサーが本人の心理検査所見，主治医意見書[11]，面談，これまでの類似事例との比較などを通して，多角的かつ客観的な視点から配慮の妥当性を考証する。この結果を学生のニーズレポートとしてまとめ，各学部の合意形成の場（学生も参加する合理的配慮検討委員会）を経て最終決定となる。

　大阪大学のアセスメント体制の主な特徴は以下の 4 点に集約される。

①　障害のある学生の修学 / 生活上の機能評価と適応評価について客観性のある根拠を提供できる（診断のない発達障害の特性についても検討可能）

②　障害に対する合理的配慮内容の妥当性を多角的に検討できる

③　本人の発達障害の特性の自己理解（認知方略などの強みと弱み）につなげる

④　二次障害（精神疾患）の合併を検討できる

　一方で，上述したアセスメント体制においては，運用上の課題もある。本章第 1 節「高等教育におけるアセスメント」（p.46）でも述べられているが，学生から合理的配慮の申請が増えると，学生のアセスメントが重なるなど，物理的な時間を要してしまう。そのために，配慮内容の合意形成までに時間がかかってしまう課題が散見された。筆者らは，この課題に対しては以下の対応を取っている。成績評価に直結しない配慮（例えば，板書撮影，授業録音，視覚的情報での提示など）については，最終的な合意形成の前に先行して教職員に配慮依頼を行っている。しかしながら，今後も配慮を要する学生の増加が見込まれる中で，現体制の維持は現実的ではないだろう。現在は，さらなる合意形成までの迅速化を検討するなど，当事者への不利益と合理性配慮の妥当性担保とのバランスを考えながら，持続可能な支援体制を構

11　精神疾患のある学生の場合，医療機関からの診断書は，根拠書類としての機能が不十分である。そのため，精神疾患（二次障害）を伴う発達障害のある学生には，合理的配慮の妥当性を検討するために，根拠書類として「主治医意見書」の提出を求めている。

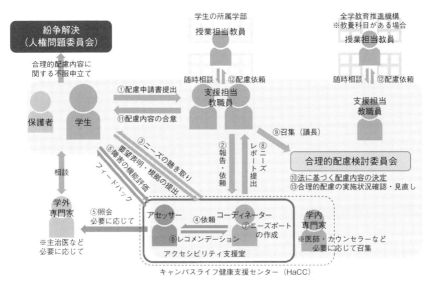

図 2-3-4　大阪大学における障害のある学生の支援の流れ——アセスメントを中心に

築していきたい。

（望月直人）

4　日本の大学等に求められるアセスメント

　発達障害のある学生の支援におけるアセスメントは，聴き取り，行動観察，心理検査などを通して必要な情報を集めることであり，対象学生の全体像を理解し効果的な支援を行うために不可欠なプロセスである。アセスメントには合理的配慮の根拠資料として機能障害の状態を示すだけではなく，学生の自己理解を深めるという目的もある。学生の自己理解は，卒業後の自立のためにも，大学等の在籍中に取り組むべき課題である。

　第 2 章では，誰がどのようにアセスメントを実施するか，国内外の例を紹介してきた。しかし，こうしたやり方を，国内のすべての大学等で実施できるわけではない。大学の学生支援体制や予算規模によっても，様々な提供の仕方が考えられる。

　学内で提供するとしたら，アセスメントの専門職もしくは検査等を実施できるスキルを持ったスタッフを学生支援部署に配置することが考えられる。障害学生支援を担当する部署のスタッフが検査を実施できなくても，検査結果を読み取り，それをもとに適切な支援のあり方を考える力は求められる。そのようなスタッフを配置することが難しい場合は，そのスキルを持った学内外の専門家を助言者として配置する必要がある。

　アセスメントの中でも検査の実施については，学外の医療機関や就労支援機関などに依頼することも考えられる。ただし，医療機関等では，検査実施に時間がかかる場合もあり，学生に受診を求めることが支援を受ける上での障壁とならないよう，工夫が必要である。また，外部機関が，大学の授業の状況を踏まえて判断することは難しい。大学が主体性をもって外部機関を利用する姿勢が求められる。将来的には，米国ジョージア州の例のように，地域の拠点大学でアセスメントサービスを提供するような形が実現すれば，多くの学生が恩恵を受けることができるだろう。現状ではアセスメントが十分に実施できる体制が整っていない大学も多いと思われる。どのようにアセスメントの機能を充実させていくかは，障害のある学生への支援における重要な課題である。

（高橋知音・佐々木銀河・中野泰伺）

参考文献

フラナガン，D. P. & カウフマン，A. S.（著），上野一彦（監訳）（2014）．エッセンシャルズ WISC-IVによる心理アセスメント．日本文化科学社．

Keenan, W., Madaus, J., Lombardi, A., & Dukes, L. (2018). Impact of the Americans with disabilities act amendments act on documentation for students with disabilities in transition to college: Implications for practitioners. *Career Development and Transition for Exceptional Individuals*, 42. 216514341880969. 10.1177/2165143418809691.

中野泰伺・高橋知音・岡崎慎治・中島範子・脇 貴典・末吉彩香・松田奈々恵・竹田一則・佐々木銀河（2021）．大学生を対象とした「困りごと質問紙」の妥当性ならびに発達障害特性・認知能力との関連の検証．障害科学研究，45(1)，31-41．

日本学生支援機構（2023）．令和 4 年度（2022 年度）大学，短期大学及び高等専門学校における障害のある学生の修学支援に関する実態調査結果報告書．https://www.jasso.go.jp/statistics/gakusei_shogai_syugaku/__icsFiles/afield-file/2023/09/13/2022_houkoku3.pdf［2023 年 12 月 8 日］

篠田晴男・島田直子・篠田直子・高橋知音（2019）．大学生の発達障害関連支援ニーズを踏まえた障害学生支援体制構築の課題．高等教育と障害，1(1)，61-73.

SpLD Working Group (2005). SpLD Working Group 2005/DfES Guidelines.

諏訪絵里子・望月直人・吉田裕子・中野聡子・楠 敬太（2017）．障害者差別解消法の実現と平等な障がい学生支援を目指して――英国ウェストミンスター大学の取り組みを通して．大阪大学高等教育研究，5，1-8.

高橋知音（2012）．発達障害のある大学生のキャンパスライフサポートブック．学研教育出版．

高橋知音（2014）．発達障害のある人の大学進学――どう選ぶか　どう支えるか．金子書房，p.11.

高橋知音・岩渕未紗・須田奈都美・小田佳代子・山﨑 勇・榛葉清香・森光晃子・金子 稔・鷲塚伸介・上村恵津子・山口恒夫（2015）．発達障害困り感質問紙実施マニュアル第2版．三恵社.

上野一彦・松田 修・小林 玄・木下智子（2015）．日本版 WISC-IVによる発達障害のアセスメント――代表的な指標パターンの解釈と事例紹介．日本文化科学社．

吉田ゆり・田山 淳・西郷達雄・鈴木保巳（2017）．発達障害学生支援のためのアセスメントシステムの検討――ニーズの把握と鑑別的見立てに着目して．長崎大学教育学部紀要：教育科学，3，173-181.

吉村拓馬・大西紀子・恵良美津子・小橋川晶子・飯尾友紀子・広瀬宏之・大六一志（2015）．発達障害のある子どもの田中ビネー知能検査Vの知能指数の特徴と補正方法．LD研究，24(2)，292-299.

修学支援のための
アセスメントの流れ

学生の修学環境を適切に把握し，そこから導き出される修学支援ニーズや機能障害の程度のアセスメントが重要となる。まずアセスメントに適用可能な心理検査や面接・聴き取り時の留意点などを紹介する。そして，学生自身が修学上の困難さや自分自身の特長の理解につなげていくために，アセスメントで得られた量的・質的情報の両方を適切に扱い，どのように学生にフィードバックするか，その考え方を提示する。

第3章 修学支援のための
アセスメントの流れ

1 修学支援ニーズの把握

1.1 修学支援ニーズの把握に適用可能なアセスメントツールの概要

　アセスメントにおいて学生の全体像を理解するためには，様々な方法を組み合わせる必要がある。その主な方法としては，学生との面接による聴き取り，標準化された心理検査，および面接中や検査時の行動観察があげられる。これらに加えて，レポートや試験等の学修成果物，関係教職員や家族など関係者の話から有用な情報が得られる場合もあるだろう。

　これらのうち標準化された心理検査は，対象学生の特徴について客観的な情報が得られるという点で，学生理解において欠かせないツールである。標準化された心理検査は規準となる集団を明確に定め，その集団における相対的位置づけによって尺度化され，実施・採点法が確立し，信頼性・妥当性の根拠が示されている。

　心理検査には多くの種類があり，得られる情報の違いだけでなく，形式面の違いから，それぞれに長所・短所があり，それらを理解した上で利用しなければならない。

　形式面から見ると，まず質問への回答から意識，態度，状態，パーソナリティを調べる質問紙（心理尺度）がある。程度や頻度を回答する評定尺度形式のものもあれば，チェックリスト形式のものもある。多数の対象者から支援が必要な人を見つけ出そうとするものはスクリーニングテストと呼ばれる。回答者が自分のことを答える自記式のものが多いが，その人をよく知る他者に評価してもらう他者評価型の質問紙もある。

　受検者の課題への取り組みから，能力，機能，適性，行動を評価するのは能力（行動）評価型の検査である。とりわけ，脳の機能の状態を反映する能力や行動の検査は，神経心理学的検査と呼ばれる。

74

パーソナリティに関する検査では，曖昧な刺激を提示して，それに対する反応からパーソナリティを調べる投影法と呼ばれるものもある。

心理検査等を利用する際には，検査について正しい知識を持つことが不可欠である。そのため，心理検査等を扱う訓練を受けた有資格者が実施することが原則である。

（高橋知音）

1.2　大学生に適用可能な自記式質問紙

1.2.1　ASD/ADHD 困り感質問紙

ASD 困り感質問紙（山本・高橋，2009），ADHD 困り感質問紙（岩渕・高橋，2011）は，大学生を対象に，発達障害の症状ではなく，大学生活の中での困り感を問う質問紙である。ASD（自閉スペクトラム症）やADHD（注意欠如多動症）のある人のケース報告，既存の質問紙を参考に，項目が作成されている。回答は 4 件法だが，あてはまるかどうかではなく，困っている程度をたずねる点に特徴がある。いずれも診断を目的にしたものではないため，カットオフポイントは設定されていない。評価の参考値として，開発時のデータを元にしたパーセンタイル値が示されている（高橋，2012）。

ASD 困り感質問紙

13 項目からなる質問紙で，「自閉的困り感」と「対人的困り感」の 2 つの下位尺度得点を求めることができる。

この 2 つの下位尺度得点を，ASD の診断がある学生とない学生で比較したところ，両尺度とも ASD のある学生で得点が高かった。同時に比較した，ADHD 困り感と精神的健康度の指標である UPI-RS[1] の得点では差が見られなかったことから，この尺度は ASD のある学生の困り感を測定するのに適した尺度であるといえる（高橋・金子・山﨑・小田・紺野，2017）。

---

[1]　University Personality Inventory-Rating Scale（高橋・小林，2004）

ADHD 困り感質問紙

28 項目版と 10 項目の短縮版がある。28 項目版では，「不器用尺度」「不注意尺度」「睡眠リズム障害傾向尺度」「整理整頓能力不足尺度」「衝動性尺度」「プランニング能力不足尺度」「集中力持続困難尺度」「対人関係困難・感情易変性尺度」の 8 つの下位尺度得点を求めることができる。10 項目版はスクリーニングテストとして実施することが想定されている。

質問紙の信頼性は内的整合性，再検査信頼性ともに十分であることが示されている。また，妥当性を検討するために，ADHD 的な傾向を自己評価する質問紙である ADHD 傾向チェックリスト，コンピュータを使った注意機能検査（IVA-CPT[2]），メンタルヘルスを評価する質問紙（POMS 2[3]）との関連を検討し，十分な相関が得られている（岩渕・高橋，2010）。

困り感質問紙の活用

2 つの困り感質問紙は相談希望に関する項目をあわせて実施するようになっている。相談希望は「ある，なし」に「迷っている」を加えた 3 件法でたずねる。専門家に相談することに対して否定的なイメージを持っている学生でも，相談の意思を表明しやすいようになっている。

困り感質問紙は，発達障害の有無を調べることを目的に作られたものではない。注意機能，自己管理，対人コミュニケーション等に関係する，大学生活における困難の程度を調べるものである。重要なのは，高得点を示す学生は大学生活の中で困っているということである。スクリーニングとしての実施は，潜在的なニーズを捉え，早期に支援に結びつける方法として有効である。困難の程度をたずねていることから，高得点者には，「困っているようですが大丈夫ですか」という声のかけ方ができる。メンタルヘルスのチェックリストや障害に関する質問紙に比べると，支援につなぎやすいと考えられる。

すでに支援につながっている学生に実施する場合，面接に先立って実施す

---

[2] Integrated Visual and Auditory Continuous Performance Test（視聴覚統合型・持続的作業課題／連続課題遂行検査）

[3] Profile of Mood States Second Edition（気分プロフィール検査 第 2 版）：Heuchert ら（原著），横山和仁（監訳）（2015）．金子書房．

ると，どのようなことで困っているかの概要を把握することができる。さらに，効果的な支援が行われているかどうかの評価にも活用できる。発達障害のある学生への支援の目標は，機能障害をなくすことではない。なんらかの機能障害があっても，大学生活をうまく乗り切る方法を身に付けること，環境調整によって困り感を低減させることにある。この質問紙を繰り返し実施し，困り感の変化を見ていくことは，支援の内容を見直す手がかりにもなるだろう。

（高橋知音）

1.2.2 AQ 日本語版 自閉症スペクトラム指数

　自閉症スペクトラム指数（Autism-Spectrum Quotient: AQ）は，知的障害を伴わない成人・児童の ASD の傾向や程度を測定できる尺度である（Baron-Cohen et al., 2001; Baron-Cohen et al., 2006）。この尺度は，自閉スペクトラム症（ASD）は社会的コミュニケーション障害の連続体上に位置づけられるという自閉症スペクトラム仮説に基づき，ASD にあてはまるかどうか，あるいは個人の ASD の程度や精密な診断を行うべきかどうかといった臨床的スクリーニングに使用できるだけではなく，健常者の自閉症傾向の個人差を測定できるなど，診断と研究の両面で有用である（若林・東條・Baron-Cohen・Wheelwright, 2004）。日本では，若林ら（2004）や若林ら（2007）により，日本語版の作成と標準化が行われ，ASD のスクリーニング検査として広く使用されている。

　AQ 日本語版 自閉症スペクトラム指数は，成人用（16 歳以上）と児童用（6〜15 歳）があり，成人用は自己回答式，児童用は保護者などによる他者評定形式となっている。項目は ASD の症状を特徴づける「社会的スキル」「注意の切り替え」「細部への関心」「コミュニケーション」「想像力」の5 つの領域について各 10 項目，全 50 項目で構成されている。各項目に対して「あてはまる」から「あてはまらない」までの 4 段階で回答し，回答は回答用紙に記入する。実施時間は，10〜15 分となっている。採点は，回答が転記された記録用紙上で行い，自閉症傾向とされる側に該当する回答に 1 点が与えられる。各領域の最大得点は 10 点となり，5 つの領域の得点

を合計した総合得点である AQ 得点の最小スコアは 0 点，最大スコアは 50 点となる。そして，成人においては AQ 得点が 33 点以上の場合，自閉症傾向があると考えられる。しかし，AQ で高得点であることが直ちにその個人が ASD であることを意味するわけではなく（若林ら，2004），日常の行動観察や，本人の困り感のエピソード，そのほかの検査結果などの情報と合わせて総合的に解釈し，フィードバックを行う必要がある。

（藤原あや）

1.2.3 CAARS 日本語版

Conners' Adult ADHD Rating Scales（CAARS）日本語版は，18 歳以上の成人用に開発された ADHD 症状を評価する質問紙検査である（Conners, Erhardt, & Sparrow ／中村，2012）。この検査は，ADHD であるかどうかを直接的に判別するというよりも，スクリーニングやアセスメントの一部として用いられることが一般的である。CAARS の実施にあたっては，結果の解釈を行う際に専門的な知識が必要となるものの，回答時間が 20 分程度であり，筆記用具と質問紙があれば実施可能であることから，障害のある学生への支援においては比較的導入されやすい検査である。

　CAARS は全 66 問の質問項目からなり，8 つの下位尺度（①不注意／記憶の問題，②多動性／落ち着きのなさ，③衝動性／情緒不安定，④自己概念の問題，⑤ DSM-Ⅳ不注意型症状，⑥ DSM-Ⅳ多動性－衝動性型症状，⑦ DSM-Ⅳ総合 ADHD 症状，⑧ ADHD 指標）が含まれる。これらの質問項目に対して，対象者の日常生活上で該当する行動の頻度がどのくらいあるかを 4 段階で回答することが求められる。得点は，各下位尺度で得られた素点を年齢や性別に基づく T 得点（平均値 50，標準偏差 10）に換算して算出する。T 得点のカットオフ値は，検査の中では，明確に設定されていないものの，ひとつの解釈として，その値が 65 以上であれば，当該尺度が示す特性が強いと考えることができるとされる（Conners, Erhardt, & Sparrow, 1998）。また，検査では，矛盾指標が設定されており，回答の一貫性や得られた結果の妥当性を検討する際の一助となり得る。

　加えて，この検査では，「自己記入式」と「観察者評価式」の 2 種類の検

査用紙が用意されている。いずれも同一の項目から構成されており，前者は，対象者が自分自身の行動について回答し，後者は，対象者の日常生活上の行動特徴をよく知る家族や友人，同僚などが回答するものである。これにより，本人の主観的な評価と他者による評価との違いを確認することができる。また，継続的に検査を行うことによって，経年変化や服薬治療，支援の効果などについても評価することが可能である。

（青木真純）

1.2.4　日本版 青年・成人感覚プロファイル

日本版 青年・成人感覚プロファイル（Adolescent/Adult Sensory Profile: AASP）は，Dunn（1997）の感覚処理モデルに基づいて感覚処理の傾向を把握することを目的とした，11 ～ 82 歳が対象の自己記入式の質問紙である（Brown & Dunn ／辻井，2015）。3 ～ 82 歳を対象とした他者回答記入の質問紙である感覚プロファイル（Sensory Profile: SP），0 ～ 36 か月を対象とした乳幼児感覚プロファイル（Infant/Toddler Sensory Profile: ITSP）とともに感覚の特徴の客観的把握に用いられる。

Dunn（1997）の理論では，感覚処理は刺激に対する神経学的閾値（高閾値／低閾値）と入力された刺激に対する行動反応・自己調節ストラテジー（受動的反応ストラテジー／能動的反応ストラテジー）の相互作用として考えられる。そして，この考え方に基づき，「低登録：Low Registration」（高閾値＋受動的反応ストラテジー），「感覚探求：Sensation Seeking」（高閾値＋能動的反応ストラテジー），「感覚過敏：Sensory Sensitivity」（低閾値＋受動的反応ストラテジー），「感覚回避：Sensation Avoiding」（低閾値＋能動的反応ストラテジー）の 4 つの象限に分けて感覚処理の傾向をとらえることを提唱している。

AASP の自己評定質問票には，日常生活の中での感覚経験に対する 60 項目の質問が含まれており，受検者はそれぞれの項目の反応の頻度を「ほとんどいつも（およそ 95% 以上の割合で見られる）」～「ほとんどしない（およそ 5% 以下の割合で見られる）」の 5 件法で回答する。得られた結果は項目ごとに点数化され，Dunn の感覚処理モデルの 4 つの象限ごとの合計点

を算出する。各象限の合計スコアは，各年齢群のカットスコアをもとに定められた分類システムに準じて「非常に低い」「低い」「平均的」「高い」「非常に高い」の 5 段階に分けられる。また，カットスコアは設けられていないものの，パターン別集計スコアを用いることで，感覚カテゴリー（「味覚・嗅覚」「動き」「視覚」「触覚」「活動レベル」「聴覚」）ごとの神経学的閾値，行動反応・自己調節ストラテジー，および 4 つの象限の傾向を把握することが可能である。

　AASP の結果をもとに支援を検討する際には，感覚処理の傾向の変容を目指すのではなく，感覚処理の傾向のニーズを満たすことに重きが置かれる。例としてゼミやミーティング等での注意散漫を主訴に来談した大学生のAASP の結果に基づく支援を挙げる。本学生の結果は「低登録」「感覚過敏」「感覚回避」のスコアは平均的である一方で，「感覚探求」のスコアが高かったことから，神経学的閾値が高く，積極的な行動反応・自己調節ストラテジーをとる傾向があり，パターン別集計スコアの結果から特に「視覚」および「動き」においてその傾向が強いと考えられた。これらを踏まえ，ゼミやミーティング等の場面では，ただ参加するだけでなく積極的に会議録作成や資料の配布といった役割を担うことで，動きおよび視覚の感覚を入力するというストラテジーを提案した。

（岡崎慎治・石原章子）

1.2.5　読み書き支援ニーズ尺度（RaWSN）

　読み書き支援ニーズ尺度（Reading and Writing Support Needs scale: RaWSN）は，18 歳以上 20 代までの学生を対象とした，学修困難の状況やその背景要因としての SLD の可能性を評価する尺度で，4 件法93 項目で構成されている（高橋・三谷，2022）。

　項目は，「書くこと」「読むこと」「その他」に分けられていて，それぞれ，現在の困難状況と，小学生時代の困難経験をたずねるものがある。「書くこと」には，書字，メモ（ノート）取り，文章作成，文法，書くことへの態度に関する項目を含む。「読むこと」には，読字，音読，読解，読書，読むことへの態度などの項目を含む。「その他」には，聞くこと，話すこと，

記憶，計算などの項目を含む。項目は，SLD やディスレクシアのある人が体験しがちな困難経験を，手記，事例報告，既存の質問紙から抽出，分類することによって作成されている。

RaWSN における下位尺度から，それぞれの領域の全般的な困難さを評価すると同時に，個別の項目への回答から，具体的にどのような点に困難を感じているかを網羅的にチェックすることができる。

4 種類の短縮版

RaWSN は項目数が多いため，4 種類の短縮版が作成されている。「大学生学修困難尺度（Learning Difficulty Scale for Postsecondary students: LDSP28）」は，学生生活における学修困難の状態を評価する，28 項目から成る尺度である。「読字困難」「読解苦手」「書字・書き取り苦手」「聴覚処理の弱さ・不注意」「記憶・学習苦手」の 5 つの側面について評価することができる。

「大学生学修困難尺度短縮版（LDSP7）」は RaWSN の大学生項目の中から，読み書き速度と相関の高い 7 項目を選んで構成された尺度である。少ない項目数で，学修困難の傾向を評価できることから，スクリーニング目的で，他の尺度やチェックリストと組み合わせて実施することができる。

小学生時代の学習困難尺度（Scale for Childhood Learning Difficulties: SCLD41）は，回答者が小学生時代に経験した学習場面での困難について，9 つの側面から評価する尺度である。SLD やディスレクシアのある人の多くが経験する困難に関する 41 項目で構成されていることから，高得点はそれらの可能性を示唆する。ただし，尺度得点のみから SLD に言及することはできない。9 つの下位尺度は，「文字の視覚処理エラー」「読み書きルール（正書法）学習困難」「読解苦手」「漢字学習困難」「書字困難」「書き取り苦手」「記憶・聴覚的注意の弱さ」「説明苦手」「計算苦手」であり，文部科学省の学習障害の定義に含まれる 6 つの要素のうち，読む，書く，聞く，話す，計算するの 5 つが含まれている。

小学生時代の学習困難尺度短縮版（SCLD10）は，現在の読み書きの速さと相関の高い 10 項目から構成された尺度である。少ない項目で，潜在的な SLD の可能性を評価することができる。

標準化，信頼性，妥当性

この尺度は，読字・書字課題（RaWF; p.93）と同じ101名の学生のデータを用いて標準化されている。信頼性は，再検査信頼性，各下位尺度の内的整合性ともに十分な値が得られている。妥当性は，主にRaWFとの相関から検討されている。黙読速度，音読速度，書字速度と多くの下位尺度が相関を示しており，妥当性の根拠が得られている。妥当性検証データで相関のパターンを見ると，読み書きの速度指標との相関は，現在のことに関する下位尺度より，小学生時代の困難に関する下位尺度のほうが高い傾向が示されている。大学生活で読み書きに困難を感じる程度は，求められる読み書きの量や難易度など，所属する学部・学科に大きく影響を受ける。一方，小学生時代はほとんどの人が同様の学習経験をしていると考えられる。小学生時代の学習困難経験のほうが，その人の読み書きや認知機能の状態を反映しやすいと考えられる。

（高橋知音）

1.3 自記式質問紙の有用性と限界

自記式質問紙には多くの長所がある一方，限界もある。まず，自記式質問紙全般にいえる長所として，実施，採点が容易であり，他の人と比べてどの程度その特性，傾向が顕著であるかを簡単に数値化できるということがあげられる。これに加え，質問紙のタイプによって，それぞれ長所がある。項目数が多い包括的な質問紙の場合は，関連する特徴を網羅的に把握することができる。症状，状態を評価する質問紙では，繰り返し実施することで，状態の変化を数値化することができる。支援者だけでなく，本人にとっても変化を客観的にモニタリングできることで，自身の状態に応じて行動を調整する手がかりとなる。スクリーニングテストの場合，短時間に多くの人を対象に実施することができる。オンライン調査やマークシートによる調査なら，短時間で集計することも可能である。スクリーニングテストは，支援ニーズのある学生を早期に支援につなぐ方法として有用である。

一方，短所として，結果はあくまで回答者の主観的評価によるものであり，それが客観的な事実を反映したものである保証はないということがあげ

られる。例えば，自身の機能に関する自己評価は，神経心理学的検査の成績よりも，気分，感情の自己評価の得点との相関のほうが強い（Miller et al., 2013）。また，全般性不安障害のある大学生はそうでない人と比べると，実際の成績（Grade Point Average: GPA）に差がないにもかかわらず，学業において困難がより大きいと報告していた（Gentes & Ruscio, 2014）。診断がある人は実際の状態以上にその特徴が当てはまると回答しがちであるが，診断についての情報に触れる機会が多くなることも理由のひとつとしてあげられている（Lovett, Nelson, & Lindstrom, 2015）。一方，自記式質問紙の場合，意図的に偽って回答することも可能である。とくに，診断があることでなんらかの利益が得られる場合には，症状を誇張して回答しがちであることがわかっている（Mittenberg et al., 2002）。

　自記式質問紙の回答の妥当性に影響を与える要因として，他にも回答者の言語理解能力があげられる。言語理解能力の弱さがある場合，活字を読む習慣がない場合など，抽象的な表現や慣用句的な表現が含まれた質問紙では，質問の意図を正確に読み取れない可能性も考慮する必要がある。面接による聴き取りの場合は，意図がうまく伝わっていないようであれば，言い換えなどもできるが，質問の意図が伝わったかどうか確かめる手段がないことは，質問紙の集団実施における限界といえる。受検者の言語理解の特徴を理解するとともに，用いる質問紙の言葉の使い方なども精査し，使用が適切かどうかを判断する必要がある。

　質問紙を実施する場合は，その結果が面接での語りや，支援者から見た印象と一致するかどうか，能力（行動）評価型の検査結果と一致するかどうかを総合的に判断しながら，結果を利用する。検査の特徴を理解し，包括的なアセスメントの一部として用いることが重要である。また，心理検査全般にいえることであるが，検査がどのような集団を対象に標準化されているか，信頼性・妥当性は適切かといった点にはつねに注意を払う必要がある。それらが不適切であれば，得られた結果を意味のあるものとして解釈することもできない。以上の留意点を踏まえて質問紙を利用することで，その結果を学生理解や支援に役立てることが可能となる。

（高橋知音）

2 面接・聴き取りによるアセスメント

2.1 対面式相談における環境・心理的要因の聴き取り

　学生の多様化とともに支援に対するニーズも多様化している。アセスメントにおける支援ニーズの高い学生との初回相談はインテークと呼ばれることがあるが，本節においては，インテークにおける面接・聴き取りについて詳述していく。具体的には，学生を取り巻く修学環境・修学支援ニーズ等をどのように聴取していくかということである。

　私立大学学生生活白書2015（日本私立大学連盟，2015）によれば，大学生にとってインフォーマルな援助者が身近な相談相手であり，大学生はフォーマルな援助者よりもインフォーマルな援助者を相談相手として好む傾向があるという。また，その調査において，「誰とも相談しない」と回答した学生は12.6％で，およそ8人に1人は不安や悩みを抱えても誰にも相談しないということが報告されている。つまり，「相談」に対するハードルは学生にとっては高く，大学等における相談部署への相談となると，そのハードルはさらに高くなる可能性があるということが考えられる。一方で，筆者所属の相談部署において実施している「学生生活の困りごと/強み調査」の結果から，「自分のことを知りたい」というニーズは高い様子がうかがえ，調査結果という媒介物を通して相談部署とつながることは，自身の特性把握のきっかけや相談部署への足場かけとしての機能を果たしていることが考えられている。

　そうはいっても，インテークは初対面での会話ということで，学生にとって非常にハードルが高いと思われる。少しでも学生が落ち着いて話せるようにしたり，どんな目的でインテークを行い，どのように進めるのか等の見通しを立てやすくしたりといった環境調整を行うことが支援者には求められる。また，アセスメント希望の申し出があった際に，あらかじめどのような流れでアセスメントを実施していくかについての情報提供が学生にできるとよいと思われる。

　高橋（2012）は，相談部署に来室した学生に対しては，話を傾聴し，何

に困っているのかという事実に加えて「それに対してどう感じているのか」「今後どうしたいのか」等を受け止めて，「どのような対処をしていったらよいのか」を一緒に考えたり寄り添っていったりするマインドが重要であると指摘している。同様に，発達障害の診断またはその傾向がある学生，修学支援ニーズが高い学生は，「他の学生と同じようにやりたいのにうまくできない」「なんで困っているのかわからない」等と感じることが多く，このような学生にとって，批判や評価をせずに話を聞いてもらえる体験，状況を改善するために寄り添ってもらったり方向性を見出してもらえたりしたという経験は，安心感や信頼感につながるということも指摘している。

　支援者との信頼関係を作っていくには，このようなプロセスは必要不可欠であり，対面の面接が難しい状況で実施されるオンライン通話等による相談でも，このようなマインドは欠かすことのできないものであると考えられる。関係性の構築は修学支援を円滑に進めていくための，いわば前提条件であるといえるだろう。インテーク面談においては，主に学生を取り巻く「修学環境」や「修学支援ニーズ」を聴取していくことになるが，支援者からの質問攻めになりすぎないようにも留意したい。適宜，学生が発言できる機会を設けつつ，共感・傾聴のマインドを重視したり，必要に応じて，支援者が自分の経験や思いを吐露する等の自己開示を取り入れたりすること，一定の距離感を保ちつつも学生の興味や関心に寄り添った「雑談」をすることも関係性の構築には有効な場合があると思われる。また，後述されるスタディスキル・コーチングとも関連するが，インテークにおいても，必要に応じて困りごとに対する暫定的な対処法を提案したり，学生が利用可能なサービスを紹介したりする等，相談部署を利用する何らかのメリットを学生が体験できるような対応を検討することを通して，相談部署の継続的な利用等，継続的なつながりが保たれることを期待したい。あわせて，対面での相談においては，主にことばを介したやりとりが行われることが多いが，発達障害の特性のある学生の中には，自分の困りごとをことばでうまく表出することや相談希望の意思を表明することに苦労する学生もいる。このような対面式相談の限界については後出の「対面式相談の流れと留意点」（p.89）で詳述する。

（中野泰伺）

2.2 学生の環境因子に関する情報収集

第 1 章 6.1「修学支援ニーズの理解と ICF モデル」（p.36）において，学生の修学支援ニーズの理解およびアセスメントの枠組みとして，ICF モデルが紹介された。すなわち，「環境因子」と「個人因子」に加えて，「健康状態」や生活機能に係る因子との相互作用により機能障害を捉えようとする枠組みである。機能障害というと仰々しいが，診断名のない学生の支援を想定するのであれば，学生の「修学支援ニーズ」や「困りごと」などからその要因を探っていくと考えるとよいかもしれない。

本項においては，「背景因子」のうち「環境因子」に焦点を当て，機能障害に影響を及ぼしうる学生の修学支援環境に関するアセスメントついて論じる。同じような機能障害や修学支援ニーズがあっても，その学生を取り巻く環境（例えば，教職員による障害のある学生への支援の理解度や受講している授業の状況など）によって，支援の方向性は異なってくる。そのような意味でも，環境要因のアセスメントは非常に重要である。

学生との面談に際しては，氏名や所属，学年等に関する聴き取りから始めることが多いように思われる。学年に関しては，留年をしている場合には，相談や話のきっかけになることも多いかもしれない。その他，学期当初であれば，履修計画の状況や単位の取得状況が環境要因に関するアセスメントのきっかけになることもあるし，学期末であれば，課題やレポートの取り組み状況や単位取得の見込みも話のきっかけになるかもしれない。また，筆者の所属機関においては，メールにてアセスメント希望を受け付けており，申し込みの際には「アセスメント希望理由」を記入してもらっている。純粋にアセスメントへの興味関心で連絡をしてくる学生もいるが，アセスメントを希望する学生は，学生生活における何らかのつまずきやきっかけがあり，あらためて自分自身を見つめ直したいとか，これからうまくやっていくための手がかりを得たいと連絡をしてくる場合が多い。学生生活における何らかのつまずきやきっかけに関する話は，後述する個人因子を含むものの，その学生を取り巻く環境のアセスメントには貴重な情報となりうるだろう。

その他，何らかの環境の変化が修学支援ニーズに影響を及ぼしている可能性もあるだろう。例えば，一人暮らしやアルバイトを始めたこと，学年が変

わって授業の内容や実施方法が変更になったこと，同じ学年でも学期により履修する授業が変わることなどが想定される。そのような学生を取り巻く環境の「変化」にも着目していくことで，何らかの手がかりが得られる場合もあるかもしれない。また，機能障害があると疑われる場合には，時間軸をさかのぼって環境因子のアセスメントを行う場合もあるだろう。具体的には，忘れ物や失くし物が多いこと，対人関係場面におけるコミュニケーションの困難さ，そして感覚過敏等の特性に対しては，大学等への入学以前ではどうだったのか，いつごろからそのような困りごとがあったのかを尋ねたり，そのような困りごとに対してどのように対処してきたのか等々の聴き取りを行ったりすることが想定される。修学支援環境に関しては，大学入学以前は実家暮らしであったため家族のサポート等で何とかなっていたものの，いざ親元を離れて一人暮らしを始めたことが契機となって大きな困りごととして顕在化する場合が多く見受けられる。このように修学支援ニーズは，生活場面の困りごとに端を発することも多い。シャペロン（※フランス語で付添人を意味する）のように，教職員がつねに学生に付き添っていくことは限界があるが，ある程度は生活場面の困りごとに対する対処法についてもアドバイスできるようにしておくことが支援者には求められるかもしれない。

（中野泰伺）

2.3　学生の個人因子に関する情報収集

　発達障害の診断あるいはその傾向が疑われる学生の支援においては，「この機能障害があるからこの支援」といった定式化されたやり方ではうまくいかない場合も多い（第1章6「発達障害のある学生の支援とアセスメント」，p.35）。また，前項において述べたとおり，忘れ物や失くし物，対人関係場面でのコミュニケーションといった困りごとは，生活場面に端を発することが多いと思われるものの，修学場面においてもその影響は大きいことが想定される。本項では，修学支援ニーズに及ぼす「個人因子」に焦点化し，論じていく。

　個人因子には，性格，メンタルを含む健康状態，経験を踏まえた困りごとへの対処方法，認知スタイルなどが含まれ，同じような修学支援ニーズで

あっても，ソーシャルサポートが得られやすい学生とそれが難しい学生に分かれることがあるかもしれない。また，内向的な性格は，メンタルヘルスにも大きく影響を及ぼすことが想定されるため，聴き取り等を通して，より手厚い修学支援を心がけるなど，質的にきめ細やかな修学支援に役立てられるとよいだろう。

　対面式相談，とりわけ初対面での相談となると，相談する側の学生は緊張していることが多いと思われる。そのため，まずは支援者が積極的に学生に働きかけて，緊張を和らげたり，学生が相談の見通しを持てるような説明をしたりすることが求められる。そのような働きかけを通して，学生にとって話しやすい雰囲気を整えた後に，本題となる困りごと等の聴き取りを行うとよいだろう。アセスメントを通して行われる学生との関係づくりは，修学支援の前提条件となると想定されるため，困りごとに対する共感ならびに傾聴に加えて，何らかの具体的解決策・アドバイスを提示できるとなおよい。何かしら日常的にすぐに試せそうな「お土産」を渡すことで，相談してよかった，支援者と話してよかったと少しでも思ってもらえるように心がけたい。少し話は逸れたが，そのようなことを意識しつつ，学生の非言語的な情報，具体的には，身体的な特徴（服装，髪形，態度，表情など）や言語的特徴（声色，ことばの使い方，イントネーション，声の強弱など），そして，学生の雰囲気や第一印象にも意識を向けられるとよいだろう。

　例えば，内向的で人見知りな学生に対して，人との積極的な交流が求められるグループ活動やイベントを紹介しても，実際的な修学支援としてその学生に役立つ可能性は低いかもしれない。そのような学生に対しては，独力での解決に役立ちそうな支援ツールやアプリケーション，生活情報をまとめたURLの紹介等を優先するなど，個人因子のアセスメントを通して，どのような情報が必要かの優先順位を見積もることができるとよいだろう。あわせて，自己理解を促す問いかけ（本章 6.4「学生の自己理解を促すフィードバック」，p.110）や，疑問・不安を相談してもよいことを促す問いかけを積極的に活用し，学生の発話の機会をできる限り設けることも個人因子のアセスメントには重要である。

（中野泰伺）

2.4 対面式相談の流れと留意点

対面式相談の流れについて，筑波大学における実践例を示す。個別の心理教育的アセスメントを受けることを希望する学生の来談経緯は様々であるが，筑波大学における障害学生支援部署であるヒューマンエンパワーメント推進局[4]では，メールで受け付ける体制を敷いている。そのため，アセスメントを希望する学生は，学生相談室等の関係部署からの紹介や友人からの口コミ等を経て，当局のウェブサイトにたどり着き，ウェブサイトを見て，「アセスメントを希望します」とのメールを送ってくることが多い。これは，電話や対面で自分の考えを表出することが苦手な学生にとっては相談のハードルが下がるようである。また，文面を考えることに苦労する等，メールを送ることに対するハードルが高い学生もいるが，そのような学生は直接窓口に来談したり，電話でアセスメント希望と連絡したりする場合もある。いずれにせよ，困りごとに直面したときに，どこの部署に相談したらよいかということを学生が把握できていることが非常に重要であり，支援部署のウェブサイトの更新頻度を高くしたり，ウェブサイトの内容を充実させたりする等，日常的に修学支援に関する情報を広報・周知しておく体制が望ましいと思われる。

対面式相談や個別の心理教育的アセスメントの流れについては，ウェブサイトにおいても明記されているが，学生からアセスメント希望に関するメールがあった際には，あらためてアセスメントの流れおよびその留意点を確認する。具体的には，以下の3点である。

・アセスメントは「初回面談」「心理検査・知能検査」「結果のフィードバック」の計3回の面談を行うこと
・各面談の実施方法とおよその所要時間
・アセスメントは修学上の困難のある学生を優先すること

そのうえで，アセスメントを希望する学生には，メール等で日時を調整し，対面やオンラインツール等を用いてインテークを実施する。メールでのやりとりに困難さを感じる学生については，電話や対面窓口での対応も実施

---

[4] 旧ダイバーシティ・アクセシビリティ・キャリアセンター（DACセンター）

している。

　また，先述したとおり，発達障害の特性のある学生の中には，自分の困りごとをことばでうまく表出することや相談希望の意思を表明することに苦労する学生もいる。その他には，そもそも自分が困っているのかわからない学生，教職員からの勧めでとりあえず来談した学生等の存在も想定される。本人からの聴き取りも重要であるが，それに加えて家族やその学生に関わりのある教職員からの聴き取りも必要に応じて行うなどして，学生本人の話とすり合わせながら学生の理解を深めていくことを心がけたい。また，学生に関する情報共有に際しては，学生本人に対して情報共有の範囲を確認しておくこと等，プライバシー保護に留意することも大切である。

　対面での初回相談（インテーク）では，以上のような多様なニーズを丁寧に汲み取っていくこととともに，そのようなニーズに応えうる修学支援を検討していくことが必要になる。また，学内の専門部署あるいは学外の専門機関を紹介したり引き継いだりしていくことも必要になる可能性がある。ひとまず，従前の資源でどのような支援が提供できるか，場合によっては，どのような支援を提供することが難しいのか等を把握しておくことが重要であり，支援の提供が難しい場合には，どこの部署・機関に相談したらよいのかを把握しておくことも重要になると思われる。

（中野泰伺）

③　個別式検査によるアセスメント

3.1　知的能力・認知能力の把握を目的とした個別式検査の例

　大学等においては，近年，発達障害の診断はないものの，その傾向がある学生が少なくないことが報告されている（日本学生支援機構，2023）。また，在籍する学生の特性や支援ニーズは多様化の傾向にあり，学生の特性や状態に合わせた修学支援を展開していくためには，機能障害の状況等に関するフォーマルなアセスメントが重要である。多様な発達特性を客観的な指標で表すことができ，合理的配慮の根拠資料としての活用も期待されることから，その実施意義は大きいと思われる。

　大学生期を対象に適用可能な知的能力・認知能力に関する個別式検査の例として，本節ではWAIS-IVおよびRaWFを紹介する。スクリーニング的なアセスメントならびに面接・聴き取りによるアセスメントだけでは測ることができない面を測定できることが，これらの検査の強みである。例えば，WAIS-IVでは，全体的な認知能力を表す全検査知能指数（FSIQ）と，4つの指標得点（言語理解指標，知覚推理指標，ワーキングメモリー指標，処理速度指数）を算出することが可能である。また，RaWFでは，日本語の読み書きスキルを測定することが可能である。支援者は，対象者との面接やスクリーニングを通して想定される対象者の困りごと・主訴を見立てるとともに，WAIS-IVやRaWFがその客観的な指標となる可能性がある場合は，対象者の自己理解や修学支援に大きく寄与することが期待される。

（中野泰伺）

3.1.1　ウェクスラー式知能検査の概要：WAIS- IVを中心に

　ウェクスラー式知能検査は，検査対象における知能の個人差としての知的発達水準を知るために広く用いられてきた。知能の個人差とは，個人間差とも呼ばれ，同年齢の集団と対象とを比較してどのような位置にその対象の知能が位置するのかを意味している。その水準は，偏差IQなどの標準得点として得られる。加えて，個人内差として認知能力の個人内の偏りを知能特性として診断的に把握できることが，ウェクスラー式知能検査の特徴でもある。適用年齢によって3種の検査に分けられ，国内では就学前児用のWPPSI（Wechsler Preschool and Primary Scale of Intelligence）第3版のWPPSI-Ⅲ，小児用のWISC（Wechsler Intelligence Scale for Children）第5版のWISC-V，成人用のWAIS（Wechsler Adult Intelligence Scale）の第4版WAIS-IVが利用可能である。個別実施の心理検査を行う場合，知能水準と知能特性の両方を把握できるため，これらのウェクスラー式知能検査が第一選択肢となることが多い。

　ウェクスラー式知能検査はそれぞれ適用年齢によって含まれる下位検査の内容や構成に違いがあるが，主な目的は検査全体での知能指数（全検査知能指数：Full Scale Intelligence Quotient: FSIQ）を求めることである。

FSIQ は標準得点としての偏差 IQ であり，年齢集団の平均と標準偏差から得られる標準得点を 100 を平均とし，平均との得点のズレから知的能力の程度を位置づけるものである。加えて，上述のように個人内の知的能力の強弱（個人内差）の測定を意図した指標得点を算出できることから，発達障害にみられる発達のアンバランスの推測に寄与できるものと考えられている。

高等教育段階で主に使用されるのは適用年齢が 16 歳から 90 歳である WAIS-IVであることから，以下では WAIS-IVについて述べる。

表 3-3-1-1 に WAIS-IVの全体構成を示す。

WAIS-IVは，前述のとおり FSIQ の算出を主な目的とするとともに，言語理解指標（Verbal Comprehension Index: VCI），知覚推理指標（Perceptual Reasoning Index: PRI），ワーキングメモリー指標（Working Memory Index: WMI），処理速度指標（Processing Speed Index: PSI）の 4 つの指標得点の算出，分析を通して個人内差を把握できる（日本版 WAIS-IV刊行委員会，2018）。個人内差の把握には，各指標得点の水準や得点間の差（ディスクレパンシー），および尺度平均に対する得点の差（強さと弱さの判定）を通した客観的な分析が用いられる。下位検査の評価点（平均を 10 とした標準得点）についても同様の分析が可能である。加えていくつかの下位検査では得点の高さや低さの背景となる処理過程（プロセス）について分析することで，情報の入力から統合・貯蔵，そして出力に至る流れのどこに困難があるのかという観点から，より詳細な

表 3-3-1-1　WAIS-IV の構成

合成得点	全検査 IQ （FSIQ）			
	言語理解指標 （VCI）	知覚推理指標 （PRI）	ワーキングメモリー指標 （WMI）	処理速度指標 （PSI）
下位検査	一般知的能力指標（GAI）			
基本検査	類似 単語 知識	積木模様 行列推理 パズル	数唱 算数	記号探し 符号
補助検査	理解	バランス 絵の完成	語音整列	絵の抹消

個人の認知的特徴を把握することができる

　さらに，新しい指標得点として一般知的能力指標（General Ability Index: GAI）が導入された。GAI は，VCI と PRI の評価点合計をさらに合計したものである。これは，残り 2 つの WMI と PSI が一時的記憶や作業速度といった，推理能力をあまり必要としない基礎的スキルに関連し，知的能力以外の要因が影響しやすいという知見に基づいている。関連してADHD をはじめとする発達障害や外傷性脳損傷や認知症といった状態でWMI と PSI の落ち込みが相対的に大きく示されやすいことが指摘されている（Flanagan & McDonough, 2018）。しかしながら，これらの指摘は必ずしも機能障害の診断や疾患のある個々人に該当するものではないことに留意し，個人の特性に合わせた支援を考える上での参考とすべきである。

（岡崎慎治・石原章子）

3.1.2　読字・書字課題（RaWF）

検査の概要

　読字・書字課題（Reading and Writing Fluency task: RaWF）は，読字と書字の速さと正確さを，全般的知的能力や背景知識に影響を受けにくい形で評価する，能力（行動）評価型の検査である。速度指標については，十分な信頼性が示されている（高橋・三谷，2022）。

　RaWF は黙読課題，視写課題，音読課題の 3 つの下位課題から構成されており，黙読課題と視写課題は集団実施が可能である。

　黙読課題では，読解を伴う読字の速さを測定する。文法的には正しいが意味的に正しくない文を含む短文の正誤判断（文末に○か×を記入）を 1 分間実施し，解答できた問題数から 1 分間の黙読文字数を算出する。

　視写課題では，手書きで文字を筆記する速さと正確さを評価する。無意味文課題と有意味文課題からなり，左ページ見本の文章を右ページの罫線の中に書き写す課題である。2 分間で書けた文字数と書き間違いの数を測定する。この課題では，全般的知能，長期記憶，言語能力の影響を受けにくい，作業としての書字の機能を測定する。とりわけ，無意味文の視写は言語能力の影響が小さいと考えられる。

音読課題では，ひらがな 4 文字の非単語（無意味語）30 語を音読する課題であり，音韻処理，デコーディング（視覚的に認識した文字の組み合わせを音素と対応させる機能）の速さと正確さを評価する。非単語音読課題は，読み困難の背景にある主要な機能障害の仮説である，音韻処理障害の程度を評価することができると考えられている（Herrman, Matyas, & Pratt, 2006）。この課題では，音読時間とエラー数を測る。

適用年齢と対象

RaWF は 18 歳から 20 代の学生，大学院生までを対象としている。101 名の標準化データに含まれる協力者は，年齢が 18 歳から 26 歳であり，専門学校，大学，大学院に所属していた。標準化データにおける平均推定 FIQ（大六，2011）は 102.0（$SD = 17.7$）で，偏りの小さい分布であった。このことから，専門学校や高等教育機関（高専，短大，大学，大学院）に通う学生，予備校生など大学等の受験を目指す人，所属がなくても対象年齢範囲内で各種資格試験を受験する人などが主な対象者として想定されている。

結果の解釈

RaWF は診断を目的としたものではないため，いずれの指標においてもカットオフポイントは設定されていないが，「遅さ」の目安が設定されている。試験において合理的配慮が受けられる基準として，英国の大学入学のために必要な資格試験である一般教育資格上級レベル試験（General Certificate of Education-Advanced level：GCE-A level）では，読み書き速度の標準得点が平均$-1SD$未満であれば 25% の時間延長が認められる場合がある。また，DSM-5-TR では，学業成績の低さの基準として 1.5SD との記載もある。これらをふまえ，RaWF では平均から 1SD 以上遅い場合を「遅い傾向」，1.5SD を「遅い」，2SD を「極端に遅い」と解釈する。

結果の利用

RaWF は，学生の読み書きに関する速さと正確さの情報が必要なときに利用できる。具体的な利用場面として，①読み書きに関する合理的配慮のための根拠資料，②大学生年代の SLD の診断における読み書きの指標，③学

修支援・学生相談（大学生活不適応，学修困難の背景要因のひとつとして読み書き困難があるかどうか），④大学生を対象とした読み書きに関する研究，などがあげられている。

（高橋知音）

3.2　個別式検査の有用性と限界

　本節で紹介した 2 つのアセスメントツールは受検者の認知特性や特定の困りごとに対する根拠資料となりうるものの，必ずしも万能であるとはいえない。例えば，WAIS-Ⅳでは，いわゆる実行機能を構成するとされる抑制能力やプランニング能力，認知的柔軟性等を直接的に検討することは難しいとされている。また，RaWF では，日本語の読み書きスキルの測定を主としているため，英語や中国語といった外国語の読み書きスキルにまで言及することには限界があるかもしれない。そのため，必要に応じてテストバッテリーを組んで，受検者を多面的に見立てていくことが求められるだろう。

　個別式検査の限界点についても触れておきたい。限界点としては，以下の 2 点が考えられる。

　・アセスメント結果から得られる情報には，受検者の弱みが含まれること
　・受検者の精神疾患の有無を判断すること

　まず，受検者の弱みについてであるが，発達障害の診断あるいはその傾向がある受検者は，得意なことと苦手なことがはっきりしていることがしばしばみられ，アセスメント結果を受検者にフィードバックする際に，受検者は結果から算出された数値をみて一喜一憂することが多い。とりわけ，受検者の苦手なことのフィードバックについては，弱みを突き付けられていると感じる人もいるため，結果のフィードバックの際には留意が必要である。そのような弱みとなる部分に対して，どのような対処法があるのか，場合によってはどのような支援ツールを活用すると苦手なことに対する抵抗感を軽減させることができるのか，といったポジティブな伝え方を意識し，物事に取り組む際の対処法や工夫を考えられるような働きかけを心がけたい。

　留意点の 2 点目について，Parker（2019）は，「アセスメントに際して，うつ病や不安障害等の治療が必要な精神疾患の有無に関する判断が必要

であり，場合によっては，精神疾患の治療を優先させることもある」ということを指摘している。著しい不安感を抱えている学生，気分の落ち込みが激しい学生，睡眠障害により十分な睡眠時間が確保できていない学生等については，症状の改善が見られたり，生活の基盤が安定したりするまでは無理に心理検査・知能検査等のアセスメントを実施しないという判断もときとして必要になる。その際は，学内の保健管理センターや近隣の医療機関等を紹介するといった対応が必要な場合もあるため，どこに依頼をすれば対応をしてもらうことができるのかについてあらかじめ把握しておく必要があるだろう。

　いずれにせよ，大学等における修学支援や合理的配慮の開始につながる相談部署にたどり着くためには，修学支援を希望するという自発的な動機と，支援申請のための行動，あるいは，周囲が本人の特性に気づき，修学支援を進めるきっかけが重要である（吉田・田山・西郷・鈴木，2017）。そのため，大学等に在籍する学生に対しては，つねひごろから学内における相談部署の広報・周知を行っておく必要があるだろう。

　また，心理検査・知能検査等を実施する場合には，受検者とのラポール形成と維持が前提となることについても理解しておきたい。心理検査・知能検査等の実施にあたっては，受検者とアセスメント担当者が顔なじみであり，お互いのことをある程度把握しており，他愛のない会話ができるような関係性が望ましいであろう。

（中野泰伺）

4　大学生の評価に利用可能なその他の検査

　修学支援に必要な心理教育的アセスメントでは，賢いアセスメントの一環として，学修面に限らず，進路や心理・社会面の支援にも欠かせない認知の能力を掘り下げて検討する必要がある。特に，修学上の困難さの背景にある認知機能の制約について，アセスメントを通して明確な気づきを得ることは，困難さの軽減に有効な学修戦略の立案につながる鍵となる。

　認知情報処理は，脳における神経活動をその基盤とする。定型発達者にみ

られる反応が基本となるが，個人差は少なくない。過少，あるいは過剰とみなされる反応には，課題処理へ各人各様に繰り出す戦略の動的過程が反映されている。その解釈では課題遂行にかかわる行動観察，内省報告等を丁寧に確認し，課題成績と質的な情報の整合性について吟味する必要がある。さらに，遂行に必要な注意や覚醒状態が，十分に確保されているかにも慎重でありたい。信頼性・妥当性を確保するには，受検者の状態により，課題成績の解釈に制約が生じることもある。

　検査前・中・後の各場面での質的情報の収集が必要なことは前述のとおりであるが，検査時には課題遂行に関わる認知的な負担に伴うストレスも生じている。遂行時には，時間の制約や多重な処理により，負担が一過性に増大するほか，検査時間の累積に伴う疲労の蓄積に，苦手な課題に対する情緒的反応も加わる。不安傾向が高い受検者では，課題前から負担が生じ，課題終了後にも影響が残ることもある。普段からの慢性的な疲労感を抱えている受検者もおり，アセスメントにおいては，認知的なストレスの把握も，学修戦略や配慮の検討に欠かせない。

　実際のアセスメントでは，事前に精神状態を確認する上で，不安や抑うつ状態を評価する新版STAI（State-Trait Anxiety Inventory; 例えば，肥田野・福原・岩脇・曽我・Spielberger, 2000），BDI-Ⅱ（Beck Depression Inventory-Second Edition; ベック・スティアー・ブラウン，2003），あるいは社交不安障害検査SADS（Social Anxiety Disorder Scale; 貝谷，2009）といった心理尺度が活用できる。さらに，幅広く問題行動の重篤度や適応の程度を評価できるASEBA（Achenbach System of Empirically Based Assessment）の自記式成人版問題行動尺度ASR（Adult Self-Report; 船曳・村井，2015）やVineland-Ⅱ適応行動尺度（Sparrow, Cicchetti, & Balla / 辻井・村上，2014）を用いた評価も有用である。精神状態の不調は，睡眠・覚醒の障害として自覚されることが知られている。近年，大学生の睡眠負債も話題にのぼることがあるが，睡眠相後退や不規則な睡眠習慣が修学上の問題につながる学生も少なくない。このような点では，睡眠習慣に関するセルフチェックやウェアラブル機器と接続するアプリの活用も可能である。また，眠気や不活発，白昼夢な

どの諸症状からなる Sluggish Cognitive Tempo（SCT）と呼ばれる症候群と ADHD との併存性を指摘する報告では，ADHD の困難さがより厄介なものとなるとの指摘もあり，抑うつとの鑑別を目指し開発された SCT 成人版（砂田・甲田・伊東・杉浦，2018）等，参考になる尺度がある。インターネットを通した SNS やゲーム等に過度に時間をさいてしまい，睡眠を含む生活管理上の問題を有している学生も目立つ。発達障害傾向とインターネット依存との関連も指摘されるところであり（例えば，菊地・北村・富田，2018），久里浜医療センターが公開しているインターネット依存度テスト（Internet Addiction Test: IAT）等で，その可能性を自覚的に把握することは，オンライン授業に伴う認知的なストレスのリスク管理の上でも役立つ。

機能障害のアセスメントにおいて，認知神経科学的なエビデンスを背景に包括的に構成された検査に，例えば前頭葉・実行機能検査として，米国ではゴールド・スタンダードといえる Delis-Kaplan Executive Function System（例えば，Delis, Kaplan, & Kramer, 2001）が，また英国ではケンブリッジ大学で開発された the Cambridge Neuropsychological Test Automated Battery（CANTAB）等があり，利用に供されている。国内でも，FEP（Frontal/Executive Program）前頭葉・実行機能プログラム（Delahunty & Morice, 2015），日本版 BADS（Behavioural Assessment of the Dysexecutive Syndrome; 鹿島・三村・田淵・森山・加藤，2003），また改訂版標準注意検査法 CAT（Clinical Assessment for Attention; 日本高次脳機能障害学会，2022）など関連する検査が供されている。実施においては，その負担を勘案すると，下位課題にもある次のような検査を，WAIS-IV 等の標準的検査の掘り下げ検査として，必要に応じて実施し，学習戦略の立案に役立てることもできる。

前頭葉・実行機能

Wisconsin Card Sorting Test（WCST）：カードの正しい分類規則を推論させ，セットシフトの能力等を評価できる。パソコン版として，修正慶応版が利用できる（鹿島・加藤，1995）。

ストループ・テスト：例えば，カラーストループテストでは，自動化された文字の読みと色が干渉する課題下で色名呼称を行い，抑制機能を評価できる（箱田・渡辺，2020）。

Trail Making Test（TMT）：交互に関連する数字や文字に線を引く線引きテストとして，視覚的探索の機能も評価できる，実施が容易な検査である（日本高次脳機能障害学会，2019）。

Continuous Performance Test（CPT: 連続課題遂行検査）：標的となる刺激に対する選択反応を一定時間連続して遂行することで，注意機能の選択性や持続性を評価することができる。

そのひとつ，視聴覚統合型CPT検査IVA-CPT（Sandford & Turner, 1995）は，学齢期のADHD診断でも補助的に用いられており，大学生においては，ADHDの発達障害関連困り感尺度との関連性も示唆されている（岩渕ら，2013）。その他，読む・聞くに関連したワーキングメモリ（WM）の容量を評価できるリーディングスパンテストRST（苧坂・苧坂，1994），リスニングスパンテストLST（遠藤・苧坂，2011）も修学上の支援ニーズを検討する上で，有用なものと考えられる。

記憶・記銘力・視覚認知

Rey-Osterrieth Complex Figure Test（ROCFT）：複雑な幾何学図形の模写および直後・遅延再生を求めることで，視覚認知・短期・長期の記憶力等を評価できる（萱村・中嶋・坂本，1997）。図版の描画再生を求めるベントン視覚記銘検査BVRT（Benton Visual Retention Test; Benton, 2010）を併せて用いることで，書きに関連する視覚性記憶を詳しく評価することができる。

視覚的な図形認知に関し，Bender Gestalt Test（BGT）では，幾何学的図形模写の分析を通して視覚・運動機能を評価できる（例えば，高橋，2011）ほか，レーヴン漸進的マトリックスの色彩マトリックス検査（Raven's Couloured Progressive Matrices: RCPM）を援用する（杉下・山崎，1993）ことで，人格・知能面の特徴も確認することもできる。ただし，包括的な評価には，視覚性・言語性の13の下位検査から構成されるWMS-R（杉下，2001）を用いる等，総合的な評価が必要となる。

　こうした検査を適宜使用することで，予想される個別の能力を短時間で評価し，支援に対する反応から必要な支援を見極める Response to Intervention（RTI）を意識したタイムリーな支援計画の立案・実施に寄与しうることが期待される。また，掘り下げ検査は，標準的な検査の妥当性を確認する上でも有用である。

　現在，国内での標準化は進展しているが，その際の対象者数，対象年齢等は限定的である。過去に標準化が行われた時期から時間が経過し，当時の状況と環境がかなり異なってきている場合もあり，絶対的な評価とはなりにくい。一方で，上記のような検査は，実験心理学的な論文等を参照でき，特に大学生を対象としたデータに関する情報を確認することが可能な場合も多い。さらに，当該学生の所属する集団を対象にデータを収集し比較検討することで，集団適応に必要な能力と対応の検討において，参考となる資料を得ることもできる。標準化された検査とは異なるが，書字に困難さを感じる学生がレポート課題について，他の学生と同様に自筆での提出を求められた例がある。実際に，模擬課題の提供を受け，自筆とパソコン入力での作成の成果を比べると，友人と比べても，その乖離の大きいことが実証された。具体的な課題作業の結果をみて，担当教員は個別でのパソコンを用いた作業を可としたが，素朴な実験的検証も，説得性のある根拠資料となったことは確かである。

　今日，発達・精神障害はカテゴリカルな見方から，その諸特性を包括的に把握する見方へと変化しつつあり，米国においては，国立精神衛生研究所（NIMH）の方針にある Research Domain Criteria（RDoC）にみられるように（橋本ら，2018），6 つの研究領域とその下位領域となる構成概念の分類が提案されている。そのひとつ Cognitive System の構成概念にある Working Memory の下位概念として，Flexible Updating があり，解析単位のパラダイムとなる課題には，CPT 課題のひとつである AX-CPT の他，刺激が n 回前の刺激と同じかどうかを答える N-back（國見・松川，2009），WAIS-IV にも含まれる語音整列（Letter Number Sequencing）等を確認することができる。このように，機能障害をみるその他検査として用いる課題が，いかなる機能を担っているか，確認しながら用

いていくことで，標的とする機能を効率的に掘り下げて評価し，支援に活か
すことができると考える。

（篠田晴男）

5 テストバッテリーの組み方と留意点

　アセスメントの中でも客観的な情報を得る手段である心理検査には多くの
種類があるが，それぞれ長所と短所があり，ひとつの検査で得られる情報も
限られている。そこで，必要な情報を網羅し，ある検査の短所を他の検査の
長所で補えるように，複数の検査を組み合わせたものをテストバッテリーと
いう。学生理解と効果的な支援のためには，適切なテストバッテリーを組
み，聴き取りや観察等の質的な情報も加えた，包括的なアセスメントが必要
となる。

　具体的にどんな検査を組み合わせるかを考えるにあたり，アセスメントの
全体像をイメージする必要がある。ここでは本書第 1 章 6.1「修学支援ニー
ズの理解と ICF モデル」（p.36）で示した障害の捉え方をもとに考える。
アセスメントの対象と検査の例を表 3-5 にまとめた。

　①では，まず実際に困っていることがどのような状況かを明らかにする。
例えば，読むのが遅く（活動制限），レポートが間に合わず単位が取れない
（参加制約）という困りごとがあれば，どの程度読むのが遅いのかを調べる。

　②では，なぜそのような活動制限，参加制約が生じるか理解するために，
関連すると思われる機能障害の状態を調べる。ICF モデルにおいて機能障
害があるということは，その機能において統計学的な正常範囲からの有意差
があるということであり，標準化された検査の実施が必要となる。例えば，
読むことの遅さの背景に，注意の持続の問題があることもあれば，視機能の
障害がある場合もある。すべての可能性について，個別式の能力検査を実施
するのは難しい。関連の認知機能や特性を測定できる自記式の質問紙の結果
から，機能障害がある可能性の高い部分を中心に，検査を選ぶとよいだろ
う。

　合理的配慮の対象となるかどうかの判断では，①困っていることと論理的

整合性のある②機能障害を示すことが重要である。日本国内では診断があっても詳しい検査報告書がない場合が多く，診断書だけでは根拠資料として不十分なケースも少なくない。例えば，ASD の診断だけでは，試験時間延長の根拠にはならない。読むことの遅さや，処理速度の遅さなどの検査結果が必要となる。

③では，①，②に影響を与えうる関連要因の情報を得る。発達障害においては，全般的知的能力の情報は有用である。代表的な検査は WAIS-IV で，全般的知能に加え 4 つの指標から認知機能を見ることができる。一部の認知機能に関する指標は②の機能障害の根拠にもなり得るし，機能障害を補ったり活動制限を生じにくくしたりするための強みを見つけることもできる。

ICF モデルでは健康状態も，活動制限，参加制約に影響すると考える。二次障害として不安や抑うつがある場合もあれば，もともとある不安の強さが，軽度の機能障害であっても学修場面での大きな困難を生じさせる場合もある。健康状態についての詳しいアセスメントが必要な場合は医療機関の受診が必要となる。自記式の症状チェックリストのようなもので傾向をつかみ，必要があれば受診を勧めるとよいだろう。

パーソナリティも，困りごとに影響を与える個人因子のひとつである。物事への取り組み方や思考パターン，他者との関わり方など，マイナスにもプラスにも影響する。同じ困りごとでも，例えば他者に助けを求めるような対処法は，外向的な人には有効かもしれないが，内向的な人には負担感が大き

表 3-5　テストバッテリーの考え方

	アセスメントの対象	ICF モデルの構成要素	検査の例
①	困っていること，配慮が必要なこと	活動制限，参加制約の状況	読み書きの検査，満足度尺度，適応感尺度
②	関連する機能障害	機能障害（構造障害を含む）	発達障害関連の尺度，注意機能検査，言語能力の検査
③	「障害」に影響を与える全般的能力，症状，パーソナリティ	健康状態と個人因子	知能検査，不安尺度，抑うつ尺度，パーソナリティテスト

いかもしれない。対象学生にとってより効果的な支援を判断する上で有効な手がかりとなるだけでなく，学生自身が自己理解を深めるためにもパーソナリティの側面は無視できない。

　心理検査の実施には時間もコストもかかり，学生の負担にもなる。そのため，多くの検査を実施すればよいというものでもない。聴き取りで困難の状況を把握しつつ，支援者が背景要因についての仮説をたて，その仮説を検証するためにどのような情報が必要かを考えながら，優先順位をつけていくとよいだろう。

（高橋知音）

⑥　アセスメント結果のフィードバック

6.1　所見にどのようなことを明記すべきか

　初回面談（オンラインの場合を含む）を通したインフォーマルなアセスメント，ならびに心理検査・知能検査等の実施を通したフォーマルなアセスメントを踏まえて，学生本人が抱える修学支援ニーズないし機能障害に対する見立てやその背景要因を整理整頓するプロセスは検査実施者にとって負担を伴うものの，それらを行うスキルは非常に重要である。また，それらを報告書等の文書に記し，学生の自己理解を促すことを意図した，わかりやすいフィードバックを行うこともスキルとして求められる。大学生に限らず，自分が受けたアセスメント結果がどうだったのか知りたいという欲求は多くの人間に共通する心理であると思われるため，その欲求に応えうる所見はどのようであるべきかについてはつねに検討を重ねたい。また，検査結果を本人と共有することは，学生本人の自己理解を深めるうえでも重要なステップになるだろう。アセスメント結果の所見の例は後出（p.107）のとおりであるが，具体的には，次のようなことをまとめるとよいだろう。

- 検査者が保有する資格および受検者の情報（氏名，所属学部や学籍番号）
- 検査の目的や概要
- 結果とその解釈

・総合所見

・学生生活を充実させるためのアドバイスの一例

　筆者によるアセスメントの経験によると，学生の困りごとや修学支援ニーズとその認知的な背景との関連が記述されていることで，学生は「これまで抱えていたモヤモヤとした気持ちに対する客観的な指標が得られた」という感情を抱き，満足感を表明してくれることが多い。また，それらに対する対処法の一例を示すことで，「こういうやり方もあるのか」と新たな気づきを得て，「日常生活に活かしてみます」と発言してくれる学生もいる。また，聴き取り時に話してくれた困りごとへの対処法をアドバイスの一例として記述することもあるが，その際の学生の反応としては，「これまでなんとなく取り組んでいた対処法は適切な対処法だったのか」と安心感を持ってくれることもある。上記は筆者の経験を踏まえたほんの一例であることにご留意いただきたい。なお，高橋（2012）によると，検査報告書における「結果とその解釈」の記述に際しては，「苦手なこと・得意なこと」の背景要因が明らかになるようにし，「学生生活を充実させるためのアドバイスの一例」において，どのような工夫が有効であるかについての示唆が得られるよう心がけるとよい，とされている。

　あわせて，報告書にまとめた情報を学生本人に伝えたら自己理解が進むということではなく，日常の失敗経験や成功体験と検査の結果とを結びつけるような対話を重ねることが必要である（高橋，2012）。筆者の所属機関においては，アセスメント後も必要に応じてスタディスキル・コーチング等を実施している。詳細は第 4 章 4「スタディスキル・コーチング」(p.135)のとおりであるが，このような対話を通して，「なぜうまくいかないのか」「どう工夫したらうまくいくのか」ということを，様々な場面で繰り返し考えていくうちに，新しい場面で予想される困難や，事前にどのような準備をしたらよいかが自発的にわかるようになっていく学生もいる。そのようなエビデンスに基づいた支援を行い，学生のエンパワーメントを下支えできるような修学支援環境を構築することが望まれるであろう。

（中野泰伺）

6.2 フィードバック面談の流れと留意点

フィードバック面談の流れについて，筑波大学における実践例を示す。本章2.4「対面式相談の流れと留意点」(p.89)で触れたように，アセスメント申し込み時に，初回面談からフィードバック面談までの流れと各回での大まかな流れについて，対象学生が事前に把握できるようしておくことが大切である。また，初回面談や対面での心理検査・知能検査等の実施を通して，対象学生との関係性は一定程度，構築されていると思うが，検査等の実施からフィードバック面談までの間には数週間ないし1カ月近くほど間隔が空いてしまうこともあるため，結果のフィードバックにあたってはあらためて関係性を取り戻せるような関わりを意識できるとよいだろう。そのようなことを意識することで，あたたかい雰囲気で結果のフィードバックに移行できたり，フィードバック面談中のやりとりがスムーズになったりすることが期待される。

フィードバック面談ですべきこと，してはいけないことの例については，表3-6-2を参照いただきたい。

また，実施した検査の内容や数値等の結果についても，対象者に説明する必要があるだろう。報告書等に詳述されているからといって口頭での説明に十分な時間的余裕を設けなかったり，結果から解釈できることを対象者の理解力に任せてしまったり等の対応は控えるようにしたい。あわせて，アセスメントに関する専門家として，実施した検査内容の説明，結果に係る数字（ウェクスラー式知能検査であれば，標準得点や信頼区間，パーセンタイル等）についても，対象学生から聞かれたらひととおり説明できるくらいの知識を備えておくことも必要になるだろう。

表に記載されているフィードバック面談ですべきことは，いずれも大切であるが，そのうち，「対象学生が質問できる機会を設けること」や「アセスメント結果について対象学生から意見を聞くこと」は，後述する「学生の自己理解を促すフィードバック」(p.110)のためにも非常に重要である。検査から導き出される結果は，あくまでも環境調整等に配慮され，かつ時間的・空間的に構造化された検査実施場面で取り組んだ結果であることに留意したい。そのため，結果の解釈が必ずしも日常生活場面に即さない可能性も

表 3-6-2　フィードバック面談ですべきこと，してはいけないことの例

（上野・染木，2008 を参考に作成）

すべきこと	してはいけないこと
・質問を予測して話し合いの準備をする ・対象学生の優れた点，できることについて話し合う ・対象学生が質問できる機会を設ける ・アセスメント結果について対象学生から意見を聞く ・必要に応じて，図表等の視覚的な補助手段を用いる ・専門用語をできるかぎりわかりやすい言葉で説明する ・フィードバックのための十分な時間を確保する ・できるだけ前向きな，あたたかい雰囲気を保つ	・大事な結果を隠す ・質問しにくい雰囲気をつくる ・根拠のない長期的な予測を伝える ・すべてのフィードバックが滞りなく進行することを期待する ・自分の専門外のことを引き受ける（例：ペアレントトレーニングや第三者評定式の検査を実施するために必要な専門的訓練を受けていない場合） ・所属する大学等の資源では実現できそうもないことを引き受ける（例：就労移行支援を学内で行った実績がないにもかかわらず行う）

あるだろう。フィードバック面談時には，そのような乖離を埋めることを目的として，検査結果に関するやりとりを対象学生と行い，必要に応じて，作成した報告書を修正する場合もある。対象学生が検査結果に納得できるように説明し，疑問点や誤解をなくすこと，そして，何よりも学生自身が自分の得意なことを学生生活に活かし，不得意なことに対処できるようになることを心がけたい。

　また，修学支援ニーズのある学生に対しては，フィードバック面談後に必要になる関係性も見据えて，「できるだけ前向きな，あたたかい雰囲気を保つこと」も重要になるだろう。

（中野泰伺）

6.3 所見例

WAIS- Ⅳ知能検査および AQ, CAARS の結果報告書

受検者氏名　○○　○○　　　　　検査年月日　xxxx 年 xx 月 xx 日
　生年月日　xxxx 年 xx 月 xx 日　　検　査　者　●●　●●
　生活年齢　●歳●カ月　　　　　　検査者資格　×××××
受検者所属　△△学部　　　　　　　検査者所属　□□大学■■センター

　□□大学■■センターにおいて，実施した検査結果を以下のとおり，ご報告いたします。今回の検査は，○○さんの不注意傾向の程度ならびにその背景要因を調べ，得意なことと苦手なことを明らかにすることで，今後，よりよい学生生活を送るための手がかりをつかむことを目的として行いました。

1. WAIS- Ⅳ（ウェイスフォー）の概要と結果（●歳●カ月時実施）

〈WAIS- Ⅳの概要と結果について〉

　この検査は，以下に示した（1）〜（4）の 4 つの観点（合成得点）ならびに（5）の知能指数（IQ）から，相対的，総合的な能力を知的機能として考える検査です。4 つの観点の得点と全検査 IQ は，平均を 100 として○○さんが，○○さんの年齢に近い人たちと比べて，どれくらいできているかを示しています。
（1）「言語理解指標（VCI）」…ことばを使って抽象的あるいは概念的な意味を推論し，表現する力。
（2）「知覚推理指標（PRI）」…絵や図形を知覚的に組織化しながら抽象的な意味を推論する力。
（3）「ワーキングメモリー指標（WMI）」…一時的に情報を記憶にとどめながら他の操作を行う力。
（4）「処理速度指標（PSI）」…一定量与えられた課題を正確に，かつ速くやり遂げる力。
（5）「全検査 IQ（FSIQ）」…上記をまとめた総合的な知的発達の水準。
〈WAIS- Ⅳの結果〉

合成得点	評価点合計	合成得点	パーセンタイル	90% 信頼区間
全検査 IQ（FSIQ）	139	128	97	123-131
言語理解指標（VCI）	44	126	96	119-130
知覚推理指標（PRI）	46	132	98	124-136
ワーキングメモリー指標（WMI）	30	128	97	120-132

| 処理速度指標（PSI） | 19 | 96 | 39 | 89-103 |

※合成得点は同年齢の人と比べたときの得点を示します（100 を平均）。パーセンタイルは受検者より得点が低い人の割合を示します。

〈WAIS- Ⅳの結果から考えられること〉

・この検査全体の得点（全検査 IQ）は，○○さんの年齢に近い人たちの平均よりも「高い」から「非常に高い」に位置する結果であった。

・教養的な知識量，言葉の意味を理解して説明することが非常に得意であるという結果であった。物事に取り組む際には，語彙力，言語による思考力を活かして，「効率的に取り組むにはどうしたらよいか」「今のやり方以外によりよいやり方があるかどうか」等を意識するとよい。

・視覚情報をもとに推理したり判断したりすること，特に，見たものの法則性や関係性を理解して全体と部分の関係性を捉えることが得意なことであるという結果であった。物事に取り組む際には，時間制限のない状況，かつ，具体的な情報とともに作業をすることで本来の能力を発揮しやすい可能性がある。

・聞いたことを短期的に記憶したり処理したりすること，特に，一度に言われた複数の数字を覚えて順番に言ったり逆から言ったりすることは苦手意識が強かったものの，非常によくできるという結果であった。聴覚的な情報を扱う際には，必要に応じて記憶を補助できるようなツールや手段を組み合わせたり，適宜，内容を確認したりするとよいかもしれない。

・視覚的な情報とともに物事を速く正確に処理することは○○さんの中では苦手なことであるという結果であった。物事に取り組む際には，一度に複数の物事を扱うことはできる限り避けて，あらかじめ必要な情報を整理整頓したり，物事の見通しを立てたりすることが望ましい。また，速さと正確さの両方を追求するのではなく，どちらかを重視して取り組む方がよい可能性もある。

2．AQ（エーキュー）の概要と結果

〈AQ の概要について〉

　この検査は，自閉スペクトラム症（Autism Spectrum Disorder: ASD）の傾向を測定する検査です。5 つの観点と総合得点により，○○さん自身が自覚している ASD の傾向の程度を評価します。なお，ご本人が自覚していない場合や否認している場合には結果に表れないことがあります。

〈AQ の結果について〉（下線部は基準値以上を示し，一般より統計上高い傾向を示します）

　総合得点 23 点

（社会的スキル 5 点，注意の切り替え 4 点，細部への関心 6 点，コミュニケーション 5 点，想像力 3 点）

〈AQ の結果から考えられること〉

　総合得点は平均の範囲内であり，ASD の傾向を有する可能性は低いと思われます。カテゴリー別にみても，いずれの得点も平均の範囲内でした。

3．CAARS（カーズ）の概要と結果

〈CAARS の概要について〉

この検査は，注意欠如多動症（Attention Deficit Hyperactivity Disorder: ADHD）の傾向を測定する検査です。7つの観点とADHD指標により，○○さん自身が自覚しているADHDの傾向の程度を評価します。なお，ご本人が自覚していない場合や否認している場合には結果に表れないことがあります。

〈CAARSの結果について〉（下線部は基準値以上を示し，一般より統計上高い傾向を示します）

ADHD指標76点

(注意不足／記憶の問題72点，多動性／落ち着きのなさ56点，衝動性／情緒不安定50点，自己概念の問題62点，不注意型症状78点，多動性−衝動性型症状55点，総合ADHD症状64点)

〈CAARSの結果から考えられること〉

ADHD指標が高いことから、ADHDの傾向を有する可能性があると考えられます。なかでも，不注意に関する得点が高く，物事を整理整頓すること，複数のことを同時進行することに苦労することがあるようです。また，周囲の雑音に気が逸れやすい傾向もあるようです。

4. 不注意傾向の程度ならびにその関連要因に関する総合評価結果

AQ，CAARSによる自己評価結果，WAIS-Ⅳの実施結果，聴き取り情報および行動観察情報を総合すると，ADHDの傾向を有する可能性があると推察されます。聴き取り情報における，やるべきことを先延ばしにしてしまったり部屋の片づけに苦労したりする傾向，CAARSの結果における，物事を整理整頓することや複数のことを同時進行することに苦労しやすく，周囲の雑音に気が逸れやすい傾向，WAIS-Ⅳにおける視覚的な情報とともに物事を速く正確に処理することに苦労する傾向が，それぞれ特性を裏付ける情報として挙げられます。なお，確定診断には医師の診断面接が必要となるため，今回の結果はあくまでも参考としてお考えください。

5. 学生生活をうまく送るためのアドバイス

物事に取り組む際には，全体の見通しを持てるような機会を確保しつつ，あらかじめ取り組む際の留意点や不安な点を確認したり，事前に作業工程や内容に関する枠組みを明確にしておいたりすることで，本来の能力が発揮しやすくなると思われます。また，一度に複数の物事を扱うときや複数の手順がある作業を行うときには，できる限り抽象的な物事を扱うことは避けて具体的な情報に落とし込むとよさそうです。自分のペースを保ったり，自分が慣れ親しんだ安心して落ち着ける環境で作業したりするとよいかもしれません。

また，「効率よく作業するにはどうしたらよいか」「ある目標を達成するためにまずやるべきことは何か」を言語化する等，できるかぎり○○さんなりの工夫を考える機会を確保することに加えて，必要に応じて，周囲の友人に相談したり，周囲の大人にタスクを細分化・具体化してもらったりすることも有効である可能性があります。あわせて，「Googleカレンダー」等の予定管理アプリケーション，「ふせん卓上スケジュール」等の支援ツールを活用することもひとつの方法です。

加えて，物事がうまくいったときには，そのときの状況やどのようにしたらうまくいったのか等について振り返ったり記録に残しておいたりすると，今後似たよう

な場面に直面した際の手がかりになるかもしれません。

　今回の報告は以上です。もし現状と異なることや，ご不明な点等がございましたら，下記の連絡先までご連絡いただけるとありがたく思います。どうぞよろしくお願いいたします。

〒 000-0000 A 市 B 1-2-3 □□大学■■センター

●● ●●（●● ●●）

TEL/fax:XXX-XXX-XXXX　E-Mail:XXX

（中野泰伺）

6.4　学生の自己理解を促すフィードバック

　前項の「所見例」において，検査結果のまとめ方の例を示した。同じく，「フィードバック面談の流れと留意点」において，検査結果に関して対象学生が質問したり確認したりすることができる機会を設けること，結果の解釈について日常生活とのズレを埋めることを目的として対象学生と積極的にやりとりを行うことの重要性を述べた。また，そのようなやりとりを通して，学生が自分の得意な部分をどのように学生生活に活かしていけるか，苦手な部分に対してどのように対処していくか等を考える機会を提供することも重要であることは，先述したとおりである。

　では，なぜ学生の自己理解を促すことが重要なのだろうか。山田（2015）によると，卒業後の生活や相談支援機関の利用を通した支援事例から，自己理解は大学生までに求められる発達課題であると指摘している。

　また．本書のアセスメント対象は主に発達障害があると疑われる学生であるが，そのような学生によくみられる特性として，メタ認知の困難さがある。すなわち，自分で自分の状態や特性，得意・不得意等を客観視したりモニタリングしたりすることが難しいということである。このような困難さから，自らの力のみで自己理解を深化させることに苦労することがあると考えられる。また，自己理解を深化させることに困難さがあると，修学支援ニーズを把握したり，自分に合った適切な進路を選択したりすること等の困難さにもつながることが想定される。

　大学生が自己理解を深化させることには 3 つの過程があるということを

桒木・苅田（2017）は指摘している。すなわち，①同年代の他者と関わることによる自己理解の深化，②実践を通した自身の行動や考え方の変化による自己理解の深化，そして，③支援者が自己理解を促す場面を設定することによる自己理解の深化である。また，これらが相互に関わり合って自己理解の深化が期待されること，様々な経験・体験等の実践と自身が取り組んだ内容を振り返ることを繰り返していくことが重要であることも桒木・苅田（2017）は指摘している。自身が取り組んだ内容を振り返ることを意識した関わりについては，「知能の PASS 理論」（Das, Naglieri, & Kirby, 1994）における「プランニング」に関連した問いかけがある。

「プランニング」は，実行機能を構成する要素のひとつであり，実行機能は，新しい行動パターンの獲得や，非習慣的な状況における行動の最適化に重要な役割を果たすとされる（Gilbert & Burgess, 2008）。アセスメント結果のフィードバック場面における「プランニング」や実行機能に関連した問いかけの例としては，以下のようなものがあると思われる。

・「アセスメントを受けてみてどうでしたか？」
・「自身が予想していた結果と，どこが，どのように同じでしたか？　あるいは，違いましたか？」
・「結果のどの部分が，日常生活にどのように当てはまりますか？　あるいは，どの部分が当てはまらないですか？」
・「自分の得意な部分と，苦手な部分はどのようなことだと思いますか？」
・「結果を踏まえて，日常生活における困りごとに対して，どのように対処していったらよいと思いますか？」

適切なアセスメントやフィードバック面談を通して，桒木・苅田（2017）における自己理解の深化のうち，「③支援者が自己理解を促す場面を設定すること」とともに，対象学生自身の内省を促すことを意識した問いかけを中心とした関わりを心がけることで，大学生期の発達課題に対応していくことが望まれる。

（中野泰伺）

7 倫理的配慮

　アセスメントによって得られた情報を知ることができる人の範囲，情報の管理方法および保管場所等については，あらかじめ明確に取りまとめておくことが望ましい。アセスメントを行う専門家には守秘義務があるが，連携して支援にあたる場合，「集団守秘義務」という考え方，つまり，支援にあたるチームの中で守秘義務を履行するとよい（上野・室橋・花熊，2018）といわれている。

　昨今，個人情報保護に関する規定は，なお一層，明文化されるようになってきている。アセスメントにおける倫理基準については，米国心理学会（APA）による倫理基準をはじめ，複数の規定が存在する。例えば，アセスメント結果の分析表の写しや下位検査結果をそのまま学生本人に渡すことは，自己理解を促すことを目的としたアセスメントにおいても行うべきではないと考えられる。同様に，学生の理解力が優れているからといって，IQ等の数値のみを伝え，解釈やそこから考えられる特性に関する情報を付けないことも避けるべきである。

　あわせて，近年，検査結果に関する報告書を写真等に収め，それらを個人のSNS等にアップロードしてしまう学生もいるようである。また，心理検査や知能検査等を受検した直後に，「どんな内容の問題に取り組んだ」等について友人と情報共有をしてしまったり，SNSに書き込んでしまったりする学生もいないわけではない。検査結果の取り扱い方法ならびにその留意点については，アセスメント実施時や結果のフィードバックの際に，繰り返し確認するようにしたい。

（中野泰伺）

参考文献

Baron-Cohen, S., Wheelwright, S., Skinner, R., Martin, J., & Clubley, E. (2001). The Autism-Spectrum Quotient (AQ): Evidence from Asperger syndrome/high-functioning autism, males and females, scientists and mathematicians. *Journal of Autism and Developmental Disorders*, 31 (1),

5-17.

Baron-Cohen, S., Hoekstra, R., Knickmeyer, R., & Wheelwright, S. (2006). The Autism-Spectrum Quotient (AQ) adolescent version. *Journal of Autism and Developmental Disorders*, 36(3), 343-350.

Baron-Cohen, S. & Wheelwright, S. (原著), 若林明雄 (日本語版構成) (2016). AQ 日本語版 自閉症スペクトラム指数. 三京房.

ベック, A. T., スティアー, R. A., & ブラウン, G. K. (著), 小嶋雅代・古川壽亮 (訳) (2003). 日本版 BDI-II手引. 日本文化科学社.

Benton, A. L. (著), 高橋剛夫 (訳) (2010). ベントン視覚記銘検査使用手引 (新訂版). 三京房.

Brown, C. E. & Dunn, W. (著), 辻井正次 (監修) (2015). 日本版 青年・成人感覚プロファイル AASP. 日本文化科学社.

CANTAB: https://www.cambridgecognition.com/cantab/ [2024 年 1 月 1 日閲覧]

Conners, C. K., Erhardt, D., & Sparrow, E. (1998). *Conners Adult ADHD Rating Scales (CAARS) Technical manual. Multi-Health Systems.* [中村和彦 (監修), 染木史緒・大西将史 (監訳) (2012). CAARS 日本語版マニュアル. 金子書房.]

Conners, C. K., Erhardt, D., & Sparrow, E. (原著), 中村和彦 (監修), 染木史緒・大西将史 (監訳) (2012). CAARS 日本語版. 金子書房.

大六一志 (2011). 簡易実施法. [藤田和弘, 大六一志, 山中克夫, 前川久男 (編) 日本語版 WAIS-IIIの解釈事例と臨床研究. 日本文化科学社, pp.183-195.]

Das, J. P., Naglieri, J. A., & Kirby, J. R. (1994). *Assessment of cognitive processes: The PASS theory of intelligence*. Allyn & Bacon.

Delahunty, A. & Morice, R. (著), 松井三枝・柴田多美子・少作隆子 (訳) (2015). 前頭葉・実行機能プログラム (FEP). 新興医学出版社.

Delis, D. C., Kaplan, E., & Kramer, J. H. (2001). *Delis-Kaplan executive function system: Examiner's manual*. Psychological Corporation.

Dunn, W. (1997). The impact of sensory processing abilities on the daily lives of young children and their families: A conceptual model. *Infants and Young Children*, 9(4), 23-35.

遠藤香織・苧阪満里子 (2011). 日本語版リスニングスパンテストにおける方略利用の個人差. 日本認知心理学会発表論文集, 130.

Flanagan, D. P. & McDonough, E. M. (2018). *Contemporary intellectual assessment: Theories, tests, and issues (4th ed.)*. Guilford Press.

船曳康子・村井俊哉 (2015). ASEBA 行動チェックリスト (18 〜 59 歳成人用) の標準値作成の試み. 臨床精神医学, 44(8), 1135-1141.

Gentes, E. L. & Ruscio, A. M. (2014). Perceptions of functioning in worry and generalized anxiety disorder. *Cognitive Therapy and Research*, 38, 518-529.

Gilbert, S. J. & Burgess, P. W. (2008). Executive function. *Current Biolo-*

gy, 18(3), 110-114.

箱田裕司・渡辺めぐみ（2020）．新ストループ検査で何が分かるか 新ストループ検査Ⅰ・Ⅱ解説書．トーヨーフィジカル．

橋本亮太・山森英長・安田由華・藤本美智子・工藤紀子・畦地裕統・池田 学（2018）．Research Domain Criteria (RDoC) プロジェクトの概念．精神医学，60, 9-16.

Herrman, J. A., Matyas, T., & Pratt, C. (2006). Meta-analysis of the non-word reading deficit in specific reading disorder. *Dyslexia*, 12, 195-221.

肥田野 直・福原眞知子・岩脇三良・曽我祥子・Spielberger, C. D.（2000）．新版STAIマニュアル．実務教育出版社．

岩渕未紗・小田佳代子・高橋知音・山﨑 勇・徳吉清香・金子 稔（2013）．ADHD困り感質問紙短縮版の作成．CAMPUS HEALTH，50(1)，453-455.

岩渕未紗・高橋知音（2010）．大学生のADHD困り感尺度の信頼性，妥当性の検討．日本LD学会第19回大会発表論文集，448-449.

岩渕未紗・高橋知音（2011）．大学生のADHD困り感質問紙の作成．信州心理臨床紀要，10，13-24.

貝谷久宣（2009）．社交不安障害検査実施の手引き．金子書房．

鹿島晴雄・加藤元一郎（1995）．Wisconsin Card Sorting Test (Keio Version) (KWCST)．脳と精神の医学，6，209-216.

鹿島晴雄・三村 將・田淵 肇・森山 泰・加藤元一朗（2003）．日本版BADS遂行機能障害症候群の行動評価．新興医学出版社．

萱村俊哉・中嶋朋子・坂本吉正（1997）．Rey-Osterrieth複雑図形における構成方略の評価とその意義．神経心理学，13，190-198.

菊地 創・北村航洋・富田 拓（2018）．一般大学生における発達障害傾向がインターネット依存傾向に与える効果．CAMPUS HEALTH，55(2)，162-167.

國見充展・松川順子（2009）．N-back課題を用いた視覚的ワーキングメモリの保持と処理の加齢変化．心理学研究，80(2), 98-104.

久里浜医療センター IAT : Internet Addiction Test（インターネット依存度テスト）https://kurihama.hosp.go.jp/hospital/screening/iat.html［2024年1月1日閲覧］

栗木裕貴・苅田知則（2017）．発達障害のある高校生・大学生の自己理解，進路選択の支援に関する文献調査．*Journal of Inclusive Education*，3，38-49.

Lovett, B. J., Nelson, J. M., & Lindstrom, W. (2015). Documenting hidden disabilities in higher education: Analysis of recent guidance from the Association on Higher Education and Disability (AHEAD). *Journal of Disability Policy Studies*, 26(1), 44-53.

Miller, R. M., Haws, N. A., Murphy-Tafiti, J. L., Hubner, C. D., Curtis, T. D., Rupp, Z. W., Smart, T. A., & Thompson, L. M. (2013). Are self-ratings of functional difficulties objective or subjective?. *Applied Neuropsychology Adult*, 20(3), 179-186.

Mittenberg, W., Patton, C., Canyock, E. M., & Condit, D. C. (2002). Base rates of malingering and symptom exaggeration. *Journal of Clinical and*

Experimental Neuropsychology, 24(8), 1094-1102.

日本版 WAIS-IV刊行委員会（2018）．日本版 WAIS-IV 理論・解釈マニュアル．日本文化科学社．

日本学生支援機構（2023）．令和4年度（2022年度）大学，短期大学及び高等専門学校における障害のある学生の修学支援に関する実態調査結果報告書．https://www.jasso.go.jp/statistics/gakusei_shogai_syugaku/__icsFiles/afieldfile/2023/09/13/2022_houkoku3.pdf［2023年12月8日］

日本高次脳機能障害学会（2019）．Trail Making Test 日本版（TMT-J）．新興医学出版社．

日本高次脳機能障害学会（2022）．改訂版 標準注意検査法・標準意欲評価法．新興医学出版社．

日本私立大学連盟（2015）．私立大学学生生活白書2015．https://www.shidairen.or.jp/files/topics/540_ext_03_0.pdf［2024年1月19日］

苧阪満里子・苧阪直行（1994）．読みとワーキングメモリ容量——日本語版リーディングスパンテストによる測定．心理学研究，65(5)，339-345.

Parker, D.（2019）．発達障害のある人へのコーチング——米国における支援の実際．LD研究，28(3)，377-381.

Sandford, J. A. & Turner, A. (1995). *Manual for the integrated visual and auditory continuous performance test*. Braintrain.

杉下守弘・山崎久美子（1993）．Raven, J. C. 日本版レーヴン色彩マトリックス検査手引．日本文化科学社．

杉下守弘（2001）．WMS-R ウェクスラー記憶検査．日本文化科学社．

Sparrow, S. S., Cicchetti, D. V., & Balla, D. A.（著），辻井正次・村上 隆（日本版監修）（2014）．Vineland-II 適応行動尺度．日本文化科学社．

砂田安秀・甲田宗良・伊藤義徳・杉浦義典（2018）．ADHD 併存症状である Sluggish Cognitive Tempo の成人版尺度の開発——抑うつとの弁別を目的として．パーソナリティ研究，26(3)，253-262.

高橋省己（2011）．ベンダー・ゲシュタルト・テスト・ハンドブック（増補改訂5版）．三京房.

高橋知音・小林正信（2004）．4段階評定による新 UPI の開発——信頼性，妥当性の検討と下位尺度の構成．CAMPUS HEALTH, 41(2), 69 74.

高橋知音（2012）．発達障害のある大学生のキャンパスライフサポートブック．学研教育出版.

高橋知音・金子 稔・山﨑 勇・小田佳代子・紺野美保子（2017）．ASD 関連困り感尺度の妥当性の検討——診断の有無による得点の比較．CAMPUS HEALTH, 54(2), 204-210.

高橋知音・三谷絵音（2022）．読み書き困難の支援につなげる 大学生の読字・書字アセスメント——読字・書字課題 RaWF と読み書き支援ニーズ尺度 RaWSN．金子書房.

上野一彦・室橋春光・花熊 暁（編）（2018）．S.E.N.S 養成セミナー 第3版 特別支援教育の理論と実践Ⅰ．金剛出版.

上野一彦・染木史緒（2008）．心理アセスメントレポートの書き方．日本文化科学社．

若林明雄・東條吉邦・Baron-Cohen, S.・Wheelwright, S. (2004). 自閉症スペクトラム指数 (AQ) 日本語版の標準化――高機能臨床群と健常成人による検討. 心理学研究, 75(1), 78-84.

若林明雄・内山登起夫・東條吉邦・吉田友子・黒田美保・S. バロン - コーエン・S. ウィールライト (2007). 自閉症スペクトラム指数 (AQ) 児童用・日本語版の標準化――高機能自閉症・アスペルガー障害児と定型発達児による検討. 心理学研究, 77(6), 534-540.

山田宗寛 (2015). 大学卒業後も大切となる発達支援と自己理解――成人期の支援事例を通して. 障害者問題研究, 43(2), 121-126.

山本奈都実・高橋知音 (2009). 自閉症スペクトラム障害と同様の行動傾向を持つと考えられる大学生の支援ニーズ把握の質問紙の開発. 信州心理臨床紀要, 8, 35-45.

吉田ゆり・田山 淳・西郷達雄・鈴木保巳 (2017). 発達障害学生支援における修学困難要因の分析. 九州地区国立大学教育系・文系研究論文集, 5(1), No-14.

アセスメントから
オーダーメイドな支援へ

アセスメントの主な目的は，学生の修学上のバリアを推定し，合理的配慮などの環境調整を含む個に応じたオーダーメイドな支援につなげることである。そこで，アセスメントの結果を入試や授業等の合理的配慮にどのように活用するかを紹介する。また，アセスメント結果を活用した修学面のコーチングや支援技術のフィッティングについて取り上げるとともに，学生と関係する学内の相談部署や学外相談機関とどのように連携するかを示す。

1 合理的配慮の根拠資料としての利用

1.1 合理的配慮の根拠資料に求められる内容

　「障害のある学生の修学支援に関する検討会報告（第二次まとめ）」によれば，障害者手帳の種別・等級・区分認定，適切な医学的診断基準に基づいた診断書，標準化された心理検査等の結果，学内外の専門家の所見，高等学校・特別支援学校等の大学等入学前の支援状況に関する資料等が根拠資料の例として挙げられている（文部科学省，2017）。すなわち，合理的配慮の提供にあたっては，学生から希望する配慮内容を聴取するとともに，根拠資料に基づき，希望する合理的配慮の妥当性について検討する必要がある。発達障害の場合，障害者手帳や診断書のみを根拠として学生の状態像を把握することは難しいため，複数の客観的な情報を収集することが望ましい。

　希望する合理的配慮の内容について学生本人から聴き取る際には，本人の発言内容に加えて，会話中の視線や体の動きにも注目して観察する。学生との会話そのものが言語やコミュニケーションに関するアセスメントの一部でもある。どのような状況下で，どのような困難に直面することが予想されるか，学生自身の言葉で語ってもらう。これまでに何か支援を受けていたか，小学校や中学校，高校のときも同じようなことで困っていたのか，これまでどのように対処していたか，今後，どのような合理的配慮を希望するかについて尋ね，情報を整理する。学生のなかには，自己理解が不十分であり，自分に何ができて何ができないのかをうまく説明できなかったり，高校までは親や先生，友人に頼りきりで，具体的にどのようなサポートを受けてきたのか，自分にどのようなサポートが必要なのか気づいていなかったりすることもある。一方で，過剰なサポートを要求するために虚偽の発言を含んでいる可能性もある。

そこで，聴き取り内容が学生の状態像を的確に反映しているかを確認するためには，客観的な資料が必要となる。医療機関を受診している場合は，診療情報提供書の提出を求めることで，診断に関することや各種検査結果，必要とされる合理的配慮について，根拠となる情報を入手できるかもしれない。入学前後であれば，学生の許可を得て，高大連携により，個別の教育支援計画や個別指導計画等の情報共有を目的とした個別支援会議を開催し，これまでに提供していた合理的配慮の内容や学校での本人の様子について具体的な情報を入手できるかもしれない。各種検査結果と合わせて，これまでの支援計画も参考にすることによって，高等教育機関（以下，大学等）での合理的配慮を検討しやすくなることもある。なお，他機関との情報共有にあたっては，事前に学生本人からの同意を得ることが必須である。

　言語コミュニケーション能力，情報処理能力，集中力，記憶力，作業能力などについては，ウェクスラー式知能検査によって推測されることが多い。このほかに，視覚や聴覚の過敏，見え方や聞こえ方の根拠資料，作業能力の根拠資料が必要なこともある。様々な学生からの多種多様な合理的配慮の要求に応じるためには，画一的な検査結果だけでなく，学生の実態に合わせて根拠となりうる情報を収集し，合理的配慮の妥当性を検討しなければならない。

　例えば，聴覚的な情報処理が苦手で，授業中の大事な指示の聞きもらしがあったり，その場ではわかったつもりでいてもすぐに忘れてしまったりする学生の場合，WAIS-IV検査結果の「ワーキングメモリー指標」の低さや子どものころからの忘れ物のエピソードなどが根拠資料となりうる。この場合，授業担当者は，学生があとで目に見える形で見返すことができるように，視覚的な情報提示を合理的配慮として提供することがある。作業が遅く，板書を写すのにとても時間がかかる学生については，WAIS-IV検査結果の「処理速度指標」の低さや実際に文字を書くスピードを根拠資料として，授業中の音声録音や板書撮影の許可を合理的配慮として提供することがある。

　根拠資料というのは，診断名や検査結果の数値があれば十分というわけではなく，必ずこれを準備しなければならないというものでもない。希望して

いる合理的配慮がその学生にとって必要かつ妥当なものであるかを吟味するための資料，困難が予想される状況への備えとして具体的にどのようなツールやサポートが必要かについて具体的な示唆を得ることができる資料を根拠資料として準備することが求められる。

（中島範子）

1.2　機能障害と合理的配慮の関連について

　アセスメントの結果，注意や記憶，言語，思考，行動，感覚，感情などに機能障害がみられた場合，修学面で困難な状況に直面する可能性が高い。困難が生じたとき，努力や工夫で解決しようとすることは，自立した社会人になるために大事なことである。一方で，自分の努力や工夫だけではうまくいかないときや，どうしたらよいのかわからず一歩を踏み出せないときは，まず誰かに相談するという選択肢もある。自己理解を深めて自分の得意や不得意を知り，自分の力だけでは克服することが困難なことに対してはサポートを求め，必要に応じて合理的配慮を受けることは，学生の権利として認められていることである。自ら相談したりサポートを求めたりするセルフアドボカシースキルは，サバイバルスキル，すなわち社会を生き抜く力としても大事なスキルのひとつである。

　合理的配慮の例として，ワーキングメモリーの弱さにより，耳からの情報が記憶として残りにくかったり注意散漫により聞き逃したりする学生に対しては，目に見える形，あとに残る形で情報提供したり指示したりすること，すなわち板書したり事前に資料配布したりすることがある。授業担当教員には，板書しながら話すことは避け，聞くことと書くことを切り分けられるよう依頼することもある。聴覚過敏により，周囲の環境音と教員の話し声が一気に耳から入ることで頭が痛くなったり必要な情報に耳を傾けられなかったりする学生に対しては，ノイズを軽減するために耳栓，イヤーマフ，ノイズキャンセリング機器などの使用を許可することがある。見え方の特異性により，文字の色や線の太さによって読みづらさを感じる学生に対しては，ユニバーサルデザインを意識したフォントを使用することがある。視覚過敏により，まぶしさや目の疲れを感じやすい学生に対しては，カラーシートの使用

を許可することがある。対人不安や身体感覚の過敏性により，集団の中でパニックになることが予想される学生に対しては，座席指定の授業を受けるとき，座席を後方出入口付近に指定したり，途中入退室を許可したりすることがある。

　授業に関する合理的配慮を提供するにあたっては，過重な負担にならない範囲で実施すること，授業の内容や本質の変更は求めないことが前提となる。合理的配慮とは，環境を整備したり，情報提供の方式を変更したりすることである。また，学生個人に対して合理的配慮を提供することもあれば，事前的改善措置[1] として授業中の資料提示の方法を工夫することによって，結果的に他の学生にとっても理解しやすく記憶に残りやすい授業形態となる可能性がある。特定の学生を意識した対応が，より多くの学生にメリットを与える可能性を考慮すると，ユニバーサルな修学環境の整備は効率的といえるかもしれない。

　しかしながら，必ずしも合理的とはいえない配慮を求める学生もいるかもしれない。課題やレポートにとりかかったり，計画的に行動したりすることが苦手なので，提出物の締め切りを延長してほしいと学生からの申し出があったとする。そこで，締め切りの1週間後までは遅れても受理してもらえるという合理的配慮を決定した場合，延長された期限内に本当に提出できるだろうか。一律に延長することによって，先延ばし行動を助長してしまうだけということにはならないだろうか。ここで検討すべきことは，授業担当教員が期限を延長する合理的配慮よりも，とりかかりや計画的な行動を促すために有効な働きかけである。自分に合ったスケジュール管理の方法を見つけるためにコーチングを行ったり，締め切り前日にリマインド通知を設定したり，友人と一緒に進捗を確認し合ったり，レポートを書くコツを身につけたりすることによって，課題やレポートを完成させる道筋を立てることのほうが適切な合理的配慮となりうる場合もある。

---

[1]　いわゆるバリアフリー法に基づく公共施設や交通機関におけるバリアフリー化，意思表示やコミュニケーションを支援するためのサービス・介助者等の人的支援，障害者による円滑な情報の取得・利用・発信のための情報アクセシビリティの向上等（内閣府「障害を理由とする差別の解消の推進に関する基本方針」）。

　アセスメントを通して認知特性の偏りや行動上の問題が明らかとなった場合，結果を総合的に解釈し，自分一人の努力だけでは解決しそうにない問題に対して学生の自己理解を促すことが求められる。そのうえで，困難を軽減するために役立つ工夫やスキルについて話し合い，必要な合理的配慮について検討し，ときには各種機器やリソースの利用を認めることになる。

（中島範子）

② 大学入試における合理的配慮

2.1 海外のテスト実施機関における合理的配慮と根拠資料：カレッジボード（米国）の例

　日本の大学入試センターのように，大学入学者選抜に必要な試験などを実施する海外のテスト実施機関では，合理的配慮の提供のための根拠資料としてどのような情報を求めているだろうか。

　米国の大学入学者選抜のための学力試験としては SAT と ACT がある。このうち，SAT は非営利組織であるカレッジボード（College Board）により運用されている。カレッジボードは，ウェブサイト上で，合理的配慮の申請プロセスについて詳細な情報を公開している[2]。この情報から，合理的配慮の根拠資料として求められるものを紹介する。

2.1.1 根拠資料の審査基準

　合理的配慮を申請する際には，①障害があること，②学生の活動がその障害によって影響を受けている程度（機能制限），③希望する合理的配慮の必要性についての根拠を示すことが求められている。申請内容の審査については 7 つの基準が示されていて，上記①の根拠としては以下の(1)から(4)，②の根拠として(2)から(5)，③の根拠として(6)が該当する。(7)は根拠資料全体の妥当性を担保するための要件となる。

---

[2] https://accommodations.collegeboard.org/［2023 年 12 月 4 日閲覧］

(1) 明確な診断

有資格者による，最新の DSM に準拠した診断がある。米国の場合，医師以外でも発達障害の診断ができる場合がある。

(2) 情報の新しさ

ASD，ADHD，LD については，5 年以内の検査結果が必要である。関連の障害では，精神障害は 1 年以内，コミュニケーション症については具体的年数の記載がなく「状況による」となっている。

表 4-2-1　教師用調査フォームの内容

- 対象生徒を担当した年数
- 教師から見た障害の様子と学習への影響（頻度や，深刻さを含め具体的に）
- 学校での試験における合理的配慮（具体的に）
- 試験時間延長について
  a. 認められた延長の量
  b. 選択式テストの場合，記述式，論述式，数学など他の形式の場合
  c. 生徒は延長された時間をどのように使うか（例：すべての問題を解くため，見返し，休憩）
- 合理的配慮の効果（生徒は合理的配慮をうまく利用できているか，成績への影響，合理的配慮がないとどうなるか）

(3) 教育歴，生育歴，既往歴

診断と機能制限の根拠となるような教育歴，生育歴，既往歴と，過去に利用した，もしくは現在利用している合理的配慮に関する情報が必要である。教師が記入するための調査フォームも準備されている。調査フォームは障害種別にかかわらず同じ形式で，項目は表 4-2-1 に示す。

(4) 診断の根拠となる検査結果

個別実施の標準化された検査について，下位検査の得点も含めた検査結果のまとめと，文章による説明を含む包括的な検査報告書が求められている。検査のカテゴリーとしては，認知機能検査，学力検査（教科の試験ではなく，個別実施式の標準化検査で，読み，書き，数学を含む），症状妥当性検査（症状の誇張等，検査結果の妥当性に関する指標），時間制限のある検査（学力検査で時間を計って実施する検査。試験時間延長の申請には必須），微細運動／視覚と運動の統合スキルの検査などがある。それぞれ，利用可能な具体的な検査名がリストされている。

(5) 機能制限の記述

(1)の診断で示された障害が，生徒の日常生活機能やカレッジボードの試験にどのような影響を与えるか説明する。例えば，作業が他の生徒より遅い

か，問題文が読めるか，文章が書けるかといった内容を含む。

これを示す方法として，診断の根拠と同様に，標準化された検査結果やその説明を含む心理教育的評価，生育歴，教育歴，既往歴，⑶で示した教師用調査フォームがあげられる。

⑹ 推奨される合理的配慮とその正当性

必要とされる合理的配慮を具体的に示し，なぜそれが必要か説明する。⑴の診断で示された障害と配慮内容がどうつながるか，そして生徒のニーズを示す。時間延長を希望する場合は，希望する時間延長の量とともに，1 日何時間まで試験を受けられるかについても記載する。

⑺ 評価者の資格

評価者が資格を有することを示す。

2.1.2　求める合理的配慮に応じた根拠資料のガイドライン

申請において，求める合理的配慮の種類によっても必要な要件は異なってくる。以下，具体例を紹介する。

⑴ 試験時間の延長

試験時間の延長を求める場合，障害があることの根拠に加え，時間制限のある試験における困難の根拠を示す必要がある。試験が時間内に終わらないのが障害以外の理由による場合，ふだんの学校の試験では時間内に終わるという場合には時間延長は認められない。SAT には読み，書き，数学など異なるセクションがあるが，時間延長の申請はセクションごとに検討される。計算の遅さゆえに時間延長が認められたのであれば，それは数学以外のセクションに適用されない。LD と ADHD に関しては，処理速度が遅いということを示すだけでは不十分である。それが，時間制限のある状況における学力にどう影響するかを示す必要がある。

⑵ 支援技術の利用

SAT には支援技術互換フォーマットがあり，解答を記録する機能等はなく，コンピュータ等の読み上げ機能と共に利用される。これを含め，支援技術を利用するためには①障害の根拠，②その障害に関連した機能障害，③使用を希望する支援技術の詳細な記述（名称，バージョン，機能），④いつ，

どのように使用するか（複数の機能がある場合，実際に使用したい機能と，使用の際にオフにする機能）などを記載する。通信機能のある支援技術を使用する場合，インターネットへのアクセスは認められず，スマートフォン等も利用できない。

2.1.3　まとめ

カレッジボードによる合理的配慮の基本的な考え方は，「障害のあるアメリカ人法」の考え方に沿ったものとなっている。提供可能な合理的配慮の内容や，そのために必要な根拠資料について具体的に情報提供しており，根拠資料を準備する本人や支援者，専門機関にとってわかりやすい。

（高橋知音・佐々木銀河・永冨大舗・龔　麗媛）

2.2　海外のテスト実施機関における合理的配慮と根拠資料：JCQ（英国）の例

英国では，障害のある人が直面する障壁を取り除くことを，平等法 2010 において「合理的調整（reasonable adjustments)」と呼んでいる。英国の大学入学者選抜における学力の評価では，中等教育の学習に関する学力資格試験の結果が用いられる。英国にある複数の試験実施機関は資格認定協議会（Joint Council for Qualifications: JCQ）を構成し，資格試験における合理的調整を実施するためのルールを定め，公開している（JCQ，2020)。この資料と，特異的学習困難に関する専門教員の組織である Patoss が発行する実践ガイド（Castiglione, 2018）を元に，英国の例を紹介する。

2.2.1　合理的調整の概要

合理的調整は，平等法で定義づけられた「障害」によって，継続的で相当な困難を経験している受験者を対象に提供される。調整が合理的かどうかの要件は①障害のある受験者のニーズ，②調整の効果，③調整のコスト，④調整が申請者と他の受験者に与える影響の 4 つである。根拠資料においては，①の根拠を示すことが求められる。障害の根拠ではなく，ニーズの根拠を求

めているのが特徴である。ニーズには，認知と学習（特異的学習困難），コミュニケーション（ASD，言語コミュニケーション・ニーズ），感覚・身体（聴覚障害，多感覚障害，身体障害，視覚障害），社会的・精神的・感情的ニーズ（ADHD，メンタルヘルス）の 4 種類がある（カッコ内は関連する場合が多い障害）。

　求められる根拠は調整の種類によって異なっている。JCQ のガイドには，承認が必要な 15 種類の調整と，根拠がなくても利用可能な調整が 10 種類，そして部分的受験免除があげられている。

2.2.2　認知と学習のニーズに関する根拠資料

　認知と学習のニーズに関する根拠資料には専用の書式があり，3 つのパートがある。パート 1 では，学校での様子に基づいたニーズの全体像を，特別教育ニーズ・コーディネーターもしくは学校所属のアセッサーが記入する。パート 2 では，アセスメント結果に基づいたニーズの根拠を，有資格のアセッサーが記入する。パート 3 は申請する調整の内容で，パート 1 と同じ記入者が，パート 1，2 を踏まえて記入する。

　パート 1 の学校での様子に基づいたニーズの全体像では，3 つの問いが設定されている。1 つ目は，困難に関する過去の情報である。具体的には，言語習得・言語発達の困難，感覚・身体系のニーズ，社会的・メンタルヘルス関係のニーズ，診断，過去の支援，過去のスクリーニングテスト，過去の学力テスト，過去の合理的調整の内容などである。過去の試験結果，保護者からの情報，過去のアセスメント結果，過去の通知表，過去の支援が情報源となる。

　2 つ目は，現在の授業や試験における困難で，3 つ目は授業や試験で行われている支援や調整である。これらの情報源としては，教科担任からの情報，困りごとの自己報告，現在の通知表，現在の個別学習計画／教育支援計画，教育健康ケア・プランもしくは特別ニーズ教育資料などがあげられる。

2.2.3　調整の種類別に求められる検査と評価基準

(1) 試験時間延長

試験時間延長は，25%，26～50%，51%以上の3段階設定されている。25%延長は，読み速度，書き速度，認知処理（作業速度に影響を与えうるもの）の検査における標準得点（平均＝100，*SD*=15）で，85未満のものが最低1つ，もしくは，2つ以上の異なる領域で85～90，もしくは3つ以上の異なる領域で90～94が求められる。85未満の値がなくても認められるのは，学校での様子に基づいたニーズなどを総合的に判断して必要とされた場合である。26～50%時間延長が認められるには，上にあげた検査の領域の2つ以上で標準得点70未満のものが見られることが求められる。51%以上が認められるのは重い視覚障害などまれなケースであり，申請する場合には，なぜその延長が必要か示す必要がある。

読み速度の検査には，文章の読み速度，読み流暢性（速度と正確さ），読解速度（読んで問いに答える速さ）などが含まれる。単語読み速度は読み速度の指標ではなく，認知処理の指標として利用される。

書き速度の指標には，自由作文速度（テーマが与えられて作文し，時間内に書けた単語数を測定），作文流暢性（絵や語句が刺激として提示され，文を書く），聞いた言葉の書き取りなどがある。作業速度に影響を与える認知処理には，呼称課題（Rapid Automatized Naming: RAN課題），ワーキングメモリー，視覚と運動の統合，視覚処理，数的処理，単語読みの効率性などが含まれる。

(2) 読み上げ（コンピュータ，補助者）

コンピュータを用いて，もしくは補助者によって試験問題を読み上げる調整である。根拠としては，読みの正確さ，読解，読み速度のいずれかの指標が標準得点85未満であることが求められる。読みの正確さは，時間制限のない単語レベルの読みの正確さの検査を用いる。時間制限のあるタイプの検査結果は利用できない。読解は，音読，黙読どちらでもよく，時間制限の有無も問われない。読み速度の指標は文章の読み速度であり，(1)「試験時間延長」で説明したものと同じである。文章の読み速度で標準得点が85未満の場合，時間延長か読み上げの調整（もしくは両方）を選択できるが，学校で

の学習の様子によって判断される。

2.2.4 まとめ

JCQ とカレッジボードの例を比較すると，JCQ は障害そのものに関する詳細な根拠は求めない一方，試験時間延長など，調整を認めるための基準を具体的数値で定めている点が特徴的である（ただし，すべての調整について，検査の数値が求められているわけではない）。共通しているのは，標準化された検査の結果と日常の学習の様子を情報として求めていること，そしてそれらの情報と求める合理的配慮（調整）の論理的整合性を示すことである。こうした考え方は国内の実践でも参考になる。また，求める具体的な情報を詳細に公開している点は，見習うべきである。

（高橋知音・佐々木銀河・永冨大舗・龔　麗媛）

2.3　日本の大学入学者選抜における合理的配慮事例

2011 年度の大学入試センター試験が契機となり，日本でも大学入学者選抜で発達障害のある学生への合理的配慮が本格的に導入された。合理的配慮を利用した学生は，大学入学共通テスト（以下，共通テスト）になってからも増加し続け，2023 年度は 450 人と開始時の 5 倍ほどになっている（図

図 4-2-3　センター試験と共通テストにおいて合理的配慮を利用した発達障害のある学生（大学入試センター，2023a などをもとに作成）

表 4-2-3　共通テストにおける発達障害のある学生向けの配慮内容と 2023 年度の許可件数（大学入試センター，2023a; 2023b をもとに作成）

配慮内容	2023 年度の許可件数
別室受験…少人数の教室で受験	254
時間延長…試験時間を 1.3 倍に延長	60
チェック解答…マークシートの代わりにチェックで解答	56
拡大文字…1.4 倍（2.2 倍）の大きさのゴシック体の問題冊子	49
その他	319*

* その他は 1 人で複数の配慮を同時に許可されていることがある。

4-2-3）。

　合理的配慮を申請する際，学生は必要な配慮内容を記載した申請書に加えて，心理・認知検査の結果を含む診断書と，高校の授業・試験での合理的配慮や個別の教育支援計画を提出する（大学入試センター，2023b）。つまり，医学的な観点から書かれた機能障害の程度と，教育場面での困難さや支援状況から，学生の状態をアセスメントし，合理的配慮の必要性が判断されている。

　発達障害のある学生に最も利用されている合理的配慮は「別室受験」であり，「チェック解答」「時間延長」「拡大文字」も多く利用されている（表4-2-3）。多様なニーズに対応できるよう，その他の合理的配慮も設定されている。例えば，注意の集中が困難な学生に有効な「注意事項等の文章による伝達」「デジタル耳栓の使用」，読みに困難を持つ学生への支援となる「読書補助具として定規の使用」などがある。さらに，「人による問題文等の読み上げ」が行われたこともある。人による読み上げでは，公平な試験のために様々なルールが定められている。例えば，読み上げる人は，知り合いではなく，初対面の試験監督者となり，問題に関わる箇所（例：英語の発音問題）を読むことはできない。

　各大学の入学者選抜でも合理的配慮が行われている。アセスメントの際には，診断書と高校での状況に加えて，共通テストの配慮内容も用いられる。そのため，「別室受験」「時間延長」「拡大文字」など，共通テストで受けた合理的配慮が行われることが多い。ただし，共通テストと異なり，書く分量

が多い試験や，面接やグループディスカッションなど話す試験も実施される。そのため，志望理由書などの手書き書類や小論文試験で「パソコン」の利用を認められた事例や，集団面接を個別面接に変更した事例も報告されている（日本学生支援機構，2023a）。

　この10年で発達障害のある学生に対する入学者選抜での合理的配慮は大きく前進したものの，いくつか問題が残されている。第一にパソコンやタブレット等を利用した合理的配慮が不十分である。パソコンは，高校や大学の授業で使われているだけでなく，問題文の読み上げ，読みやすい色や大きさの文字の選択，解答入力など様々な合理的配慮を可能にさせる。不正対策などの課題はあるものの，パソコンの利用によって，個人のニーズに応じた配慮が可能となる。第二に，選抜方法自体を，障害学生の視点からも考える必要がある。例えば，第1回のセンター試験と共通テストの英語試験の単語数を比較すると，3,000語から6,000語に増加している。また，近年では総合型選抜等で集団ディスカッションを課すことも増加している。どんな配慮を実施しても，これらの試験は読みや発話に困難のある学生にとって負担が大きくなってしまう。障害のある学生でも同等に参加できるユニバーサルな試験や，一律でなく学生に応じて柔軟に変更する試験等が求められる。

（立脇洋介）

③ 日本の大学等における授業および成績評価時の合理的配慮

3.1 授業受講時の合理的配慮事例

3.1.1 【事例】ワーキングメモリーの弱さがみられる学生

　学生本人によれば，講義中，話を聞きながらメモを取ったり，集中を維持したりすることが難しく，大事なことを聞き漏らしたり，書き留めていなかったりすることがあるという。WAIS-Ⅳを用いたアセスメント結果によれば，ワーキングメモリーに弱さがあり，日常生活の中では，言われたことを一時的に記憶にとどめたり，複数の作業を同時進行したりすることに困難があることが予想される。

　この場合，口頭指示だけでは記憶にとどめることが難しいため，可能な範囲で，板書したり事前に資料を配布したりするなど，視覚的に提示することを合理的配慮として挙げることができる。板書するときは，教員が黒板に向かって書きながら説明するのではなく，話すことと書くことを可能な限り切り分けて進めることができれば，聞くことに集中しやすくなる。また，授業用のオンライン掲示板等を利用して，授業に関する変更や課題提出等の連絡事項を可能な範囲でひとつのツール上で閲覧できるように各授業担当者に依頼することも合理的配慮として考えられる。授業担当者によって異なるツールを使用すると，情報が散在してしまい，必要な情報を見落としてしまうことがあるためである。わからないことがあれば，学生から授業担当者へ，授業後に直接質問したり，メールで尋ねたりする可能性があることも事前に伝えておくとよい。

3.1.2　【事例】聴覚過敏がみられる学生

　学生本人によれば，教室内で発生する様々な環境音や話し声に対して不安や恐怖を感じたり，騒々しさを感じたりすることがあり，思考停止や注意散漫になることがあるという。頭痛やパニックを起こすこともあるという。自己記述式アセスメントであるAQの結果では，細部への関心が基準値を超えている。医師の診断によれば，聴覚過敏，易刺激性があり，周囲の人は気にならないような音に対して苦痛や不快を感じることがあるとのことである。

　この場合，授業中や試験のときに耳栓，イヤーマフ，ノイズキャンセリング機器などを使用して，不快な音を可能な限り遮断できるようにすることが合理的配慮として考えられる。座席指定の授業であれば，スピーカーから遠い席や出入り口に近い後方の座席等を指定し，心理的負担を軽減したり，不安が惹起されたときに一時退出できるような態勢を整えたりすることも合理的配慮のひとつである。なお，耳栓であれば周囲に気づかれず使用することも可能であるが，イヤーマフは周囲からみて使用が明らかであるため，他の学生に事情を説明する必要が生じることについても学生と話し合っておかなければならない。

3.1.3　【事例】書字に困難がみられる学生

　学生本人によれば，書字の乱れや書字への抵抗感があり，決められた時間内に十分なパフォーマンスを発揮できないことがあるという。また，資料の読み取りが苦手であるため，じっくり時間をかけて見直したいとのことである。WAIS-Ⅳを用いたアセスメント結果によれば，視覚的な情報を処理したり統合したりすることに困難がみられるとともに，処理速度が遅く，手先の不器用さもみられることが明らかとなった。

　この場合，パソコン持ち込みによりノートを作成したり，授業内容を録音して復習しながら聞き直したり，板書や図を撮影したりすることが合理的配慮として考えられる。試験時には，時間内に十分な解答ができない可能性があるため，試験時間の延長やレポート提出の代替措置等を合理的配慮として提供する可能性もある。合理的配慮とは別に，学生本人の工夫として，友人にノートをコピーさせてもらうのもよいかもしれない。ただし，複数科目の情報をデータ化することによって書字への負担が軽減される一方で，授業ごとにデータを分類整理しておかなければ必要な情報にアクセスしづらくなるため要注意である。また，著作権により録音や録画に制限がかかることもある。

（中島範子）

3.2　成績評価における合理的配慮の例（試験・課題・レポート）

　成績評価における合理的配慮は，他学生との公平性の担保が焦点となるため，アセスメントの役割は非常に重要である。本項では，自閉スペクトラム症（ASD）・注意欠如多動症（ADHD）・限局性学習症（SLD）のある学生の試験（課題・レポート作成）時に想定される学修における困難さや具体的な配慮例について，留意点にも触れつつ概説する。

3.2.1　ASD のある学生に想定される学修における困難と合理的配慮例
学修における困難
・レポート・課題作成では，図表などの細部にこだわったり，完璧さを求めたりしてしまうために，期限内に作成できないことがある

- 相手の意図や質問の本質を読み取ることが困難で，論述問題や課題への対応がずれてしまうことがある
- 環境刺激に対する感覚特異性（聴覚過敏や視覚過敏など）のため，試験に集中するのが困難なことがある
- マルチタスクが苦手なため，課題やレポートが重なると，優先順位をつけて課題をこなすことが困難な場合がある

合理的配慮例
- （課題が重なる場合）レポート提出期限の延長（延長期間については個人差あり）
- 別室受験，試験時の座席配置の工夫（視覚刺激の少ない前方など）
- 課題や試験情報の提示方法の工夫（試験教室，日時，課題内容などを具体的に提示）
- 支援担当者が，面接機会を設けて，スケジュール管理・優先順位づけについて確認する

3.2.2 ADHD のある学生に想定される学修における困難と合理的配慮例

学修における困難
- 不注意による環境刺激の影響を受けやすく試験時間中の集中力の持続が困難なことがある
- スケジュール管理や見通しの弱さのために，レポートや課題の提出期限に遅れやすい

合理的配慮例
- 課題やレポートの提出期日など重要情報は早めの提示
- （課題が重なる場合）課題やレポートの提出期限の延長（延長期間については個人差あり）
- 別室受験，試験時の座席配置の工夫（視覚刺激の少ない前方など）
- 試験時間を区切り，小休憩を入れるなどして実施（試験時間の延長）
- 支援担当者が，面接機会を設けて，スケジュール管理・優先順位づけについて確認する
- （別室受験や試験時間の延長といった合理的配慮の実施が難しい場合）

　　教育目標や公平性を損なわない範囲での代替の評価方法

3.2.3　SLD のある学生に想定される学修における困難と合理的配慮例

学修における困難

- 文章（問題文）を読むことの速さと流暢性に問題があるため，通常の試験時間内での問題解答に困難がある
- 文字の書写や書き間違い（解答用紙）が多いために，論述試験では通常の試験時間内での問題解答に困難がある

合理的配慮例（高橋，2019）

- 問題解答用紙の拡大（対象学生のニーズに合わせる）
- 試験時間の延長（1.3 倍）
- 問題用紙について読み上げソフト，アプリの利用
- パソコン（ワープロソフト）使用による解答を認める
- 手書きではなく，パソコン（ワープロソフト）使用によるレポート・課題作成を認める
- （別室受験や試験時間の延長といった合理的配慮の実施が難しい場合）教育目標や公平性を損なわない範囲での代替の評価方法

3.2.4　まとめ

　別室受験の合理的配慮では，別教室や試験監督者の確保を伴うこともあり，大学ごとの支援体制にもよるが，支援部署と学生所属の教育組織との綿密な連携が不可欠である。本項では便宜的に障害種別に分けて説明したが，発達障害はスペクトラムな症状ゆえに，中核症状以外では特徴の重なりも見受けられやすい。したがって，実際の合理的配慮においては 1 対 1 での対応ではなく，柔軟に検討することが望ましい。

　冒頭でも述べたように，成績評価に関する合理的配慮については，実施に伴う過重な負担や公平性の観点により，現場の教職員からも注視される。また，試験時間の延長などの合理的配慮は，大学事務の負担を伴うことも多いだけでなく，可視化されやすく周囲の学生からも説明を求められることもあるだろう（青木・岡崎，2019）。そのためにも，説明可能な根拠を支援部

署が用意しておくことが求められる。（目的に適う検査種が十分ではないという現実はあるが）対象学生の学修における困難に対する必要な合理的配慮をアセスメントによって証左する意義は大きいだろう。多様な学生が，それぞれにふさわしい教育環境を構築していく意味について，広く理解と啓発を進めていくことは何よりも重要であろう。

（望月直人）

4　スタディスキル・コーチング

4.1　スタディスキル・コーチングとは

　コーチングという言葉はスポーツの世界でよく耳にするが，近年はビジネスや教育の現場でも導入されている。日本の修学支援ではコーチングにあまり目を向けられていないが，海外では，実行機能に弱さがみられる発達障害のある学生のスタディスキル向上を目的としたコーチングが注目されている。Parker and Boutelle（2009）によれば，実行機能のコーチングによってスキルや方略，考え方の発達をサポートすると同時に，自律を促すことにもつながる。スタディスキル・コーチングは，修学上の困難を軽減するため，学生に行動の変容を促すための働きかけのひとつとして用いられ，個のニーズに応じてスケジュールを管理したり，学習方略を立てたり，目標を設定したりする。コーチから学生への問いかけを通して，学生が自ら具体的な方法を練り，自分に合った取り組み方を獲得できるよう導いていくことがコーチの役割である。

　スタディスキル・コーチングにおいては，学生のセルフモニタリングが重要な鍵を握る。学生は，セルフモニタリングすることによって，どうすればうまくいくか，なぜうまくいかないのかを客観的に見つめることができる。コーチ主導にならず，協働を意識し，学生の思考や感情を引き出すような問いかけを重ねていく。これらを通して，失敗経験の積み重ねによって生じている認知の歪みを整え，よりよい行動へと促すことができる。

　スタディスキル・コーチングにおいては，まず目標設定が必要になるが，行動を起こすことができない学生に多いのは，高すぎる目標を設定するとい

う誤りである。目標設定により，とりかかりのハードルを上げてしまっている学生が多く存在し，彼らの多くは自信を失っている。学生がセルフモニタリングできるようになるまでは，目の前にある課題解決にふさわしい目標設定を一緒に考えていくことから始める。

　ゴールは何か。ゴールに向かうために，まず何をするか。その後，どのようなステップがあるか。それぞれのステップにどのくらい時間がかかりそうか。時間的見通しをもとに，いつからとりかかるか。このようなことについて問答しながら，一緒に計画を立てていく。もし，自己の作業量を過信し，1 日に多くのことを詰め込もうとする学生がいたとする。このとき，本当に計画どおりできそうか，できなかったときにどうするかと問いかけることによって，学生自ら別の提案をしてくるかもしれない。目標を達成できずに焦燥感や罪悪感，自信喪失，現実逃避などを引き起こしている学生にとって必要な第一歩は，最低限何をするかのラインを設定することによって，目の前のやるべきことに取り組みやすくすることである。コーチの役割は，学生が行動を起こすために必要な準備をサポートすることである。

　ある学生から，レポートや課題を先延ばしにして，ぎりぎりにとりかかることが多いが，一度とりかかれば満足のいくレポートを書くことができると相談があったとする。この場合，現状維持で問題ないという考え方もあるが，余裕をもって課題に取り組みたいという気持ちがあるとすれば，スタディスキル・コーチングの出番である。コーチと一緒に具体的な方策を練り，実践を繰り返すことにより，学生自身に合った取り組み方を獲得することがゴールとなる。レポートや課題が出たら，締め切りをメモするだけでなく，その日のうちに少しでもとりかかることが何よりも重要である。はじめにすることは，どんな問題が出されているか，どんなテーマが与えられているかなど具体的な内容を確認すること，そして完成までに必要なプロセスを考えて書き出すことである。それぞれのステップにどれくらい時間がかかるか，何日で仕上げることができるかを考え，いつから取り組むか具体的に設定することによって，作業の見通しをもってとりかかることができる。

　スタディスキル・コーチングを進めるにあたり，学生からの提案が出てこない場合は，コーチから提案することになる。このとき，提案はあくまでひ

とつの案であることを伝える必要がある。実際にどんな進め方をするかを決めるのは学生自身であり，自分の言葉で計画を語らせることによって，実行可能性が高まる。コーチの役割は，学生の行動を促すために後押しすることであり，歩き出すのはあくまで学生本人であるということを忘れてはならない。

（中島範子）

4.2 アセスメント結果をどのようにスタディスキル・コーチングに活用するか

ADHD のある学生は，とりかかることに苦労し，先延ばしにしがちである。計画を立てて物事を進めることが苦手である。興味のあることには没頭するが，いざ課題やレポートに取り組み始めると集中できず，他のことに気が散って作業が進まないということがよくある。授業ごとにいろいろな課題が出されて，やるべきタスクを整理できず，期限までに提出できないということもある。その結果，単位を修得できずに困り果てて支援を求めてくる学生がいる。このような学生に行動面を評価する自記式の質問紙への回答を求めると，とりかかり，注意のコントロール，プランニングなどに困難を示すことが多い。ウェクスラー検査の結果をみると，能力間のバランスが悪く，ワーキングメモリーが相対的に低いこともある。

プランニングが苦手な学生の場合，うまくいかないことが続いても解決策を自ら生み出すことが難しい。新たなチャレンジをすることに一歩踏み出す勇気が出ず，現状維持のまま諦めてしまうことがある。この連鎖が続くと，自分には無理だ，できない，ダメな人間だというネガティブ思考に占領され，モチベーションは下がるばかりである。さらには，やるべき作業が進まないのは自分が怠けているからであり，周囲にサポートを求めたら，ますます甘えてしまうことになるのではないかと罪悪感を抱いてしまう学生もいる。

このような学生に対しては，スケジュール管理を手伝ったり，レポート作成の手順を一緒に考えたりするスタディスキル・コーチングを導入し，スモールステップでやるべきことに取り組み，達成感を得ることのできる機会

を提供することが助けとなる。計画的に作業を進めるための段取りを話し合ったり，作業を進めるときに集中しやすいようにパソコン周辺の環境を一緒に考えたり提案したりすることを通して，学生自らの工夫や努力で解決できるようになるためのスキルアップを目指すことが狙いである。

　ここで，文献要約のレポート課題への取り組みを例として紹介する。複数の文献を読んでまとめなければならない場合，ゴールばかり見てしまい，果てしない作業に思えて，まったく先に進めないということがある。ここで最初にすべきことは，一番目に読む論文を決めることである。何から始めるか，具体的な手順を考えることによって，取り組みの第一歩を踏み出すことができる。実際に読むときの手順としては，じっくり内容を理解できるように読み込み，大事なところにアンダーラインを引いたりコメントを書き込んだりしながら進めるほうがよいか，いったん最後まで流し読みをして，全体を把握したあとでじっくり読み深めていくほうがよいかを考えさせる。選択肢を与えて本人の考えやスタイルを引き出し，個に応じた方略を見つけさせることは，スタディスキル・コーチングの中で大切にしたいことである。スモールステップで，学生本人の意見を尊重しながら，自ら計画できるようにサポートすることによって，最終的にどのようなまとめ方をするかについてのイメージを膨らませながら整理させることができる。

　ワーキングメモリー，すなわち情報を頭の中で一時的に保持したり，処理したりすることに困難がある場合は，ノートやメモの取り方，自分に合った記憶法などについて考えさせる機会をもつとよい。手書きがよいのか，タブレットやパソコンを使用したほうがよいのか，音声を録音したほうがよいのか，録音した音声を文字認識させたほうがよいのか，記録に残す方法として現代は様々な手段を選択することができる。デバイスに記録する場合は，アプリも多種多様である。自分で試したことのある手段を尋ね，うまくいったのかいかなかったのか，うまくいった場合，どういう点で自分に合っていたのか，うまくいかなかった場合，なぜうまくいかなかったと思うか，別の手段として何を試してみようと思うか，問いかけながら問題解決の方法を探っていく。

　いずれの場合においても，アセスメント結果から明らかとなった苦手を軽

減するために，学生と対話しながら取り組み方や対処法を見つけることが求められる。

（中島範子）

4.3　スタディスキル・コーチング実施時の留意点

　発達障害のある学生は気分障害や不安障害との併存がとても多く，抑うつや不安を抱えていることが少なくない。過去の失敗体験により，ネガティブ思考や自己批判的な思考，不安が強まり，自分にはできない，また失敗するに違いないという思い込みに囚われて過ごしていることがある。アセスメントの結果，苦手なことが客観的に提示されたにもかかわらず，自尊心の低さから，うまくいかないのは努力不足や怠けによるものだとますます自分を追い詰めてしまう学生もいる。このような学生は，サポートを得ることでますます自分をダメにするのではないか，逃げてばかりでいいのかという思いで苦しむことがある。

　このような学生に対しては，自己理解を深めたうえで必要な支援を要請すること，すなわちセルフアドボカシースキルが社会に出てからも必要な力であることを伝え，一歩踏み出す勇気を与える。最初は他者の力を借りたとしても，きっかけを与えてもらうことによって一人で進むための道しるべを見つけることができれば，そのあとの行動がはるかに充実したものとなる。学生との信頼関係を築き，安心できる環境を設定したうえで，冷静かつ客観的に過去を振り返り，少しでもうまくいった経験があれば思い出させ，行動を始めるための準備を手伝うことがコーチの役割である。

　スタディスキル・コーチングは，何をすればよいか，いつからするか，妨げになりそうなことがあるかなどについてコーチが問いかけながら進めていくことになるが，行動プロセスを決定するのは学生自身である。早急な問題解決を図ろうとして，頑張ればできるはず，こういうやり方はどうか，このツールを試してみてはどうかと提案型の関わりが多くなり，学生の意思や状態像を顧みない対応に陥ってしまうことは避けるべきである。学生の考える力，提案する力，試行錯誤する力を信じて，学生の表情や仕草にも注目しながら反応を待つことを大切にしたい。学生からの提案に対しては，耳を傾け

るだけでなく，無理のある計画になっていないか，高すぎる目標設定をして
いないかを確認し，理想ではなく現実に即した計画を立てるよう促すことも
必要である。

　計画したにもかかわらず，学生が具体的な手立てをその場限りで忘れてし
まうことのないように，メモを取りながら話しているか，カレンダーに書き
込んだりリマインダー設定したりしているかについても確認すべきである。
1 回のセッションの終わりには，その日に立てた計画をあらためて整理して
学生本人の言葉で語らせることによって，計画した内容を振り返り，実際に
どう行動するかについて自覚を高めることも大切である。セッション後の日
常場面においても，行動をモニタリングすることによって，スタディスキ
ル・コーチングの効果を高めることができる。モニタリングの方法として，
毎日こつこつする作業であれば，達成できた日はカレンダーにシールを貼
る，壁にグラフを貼るなどが挙げられる。毎日決めた時間にその日の振り返
りをし，翌日の計画を確認したり，必要に応じて修正したりするのもよい。
友人や家族，コーチなどに進捗を報告したり，アプリを活用して進捗を書き
込んだりする方法もある。定期的に行動を振り返る機会をもつことは，継続
したり軌道修正したりするモチベーションにもつながる。

　ここまでは，取り組みの内容に関わる留意点を挙げてきたが，どのような
学習環境が合っているかについてもアセスメントする必要がある。ひとりで
静かな個室で勉強するほうが集中できるという学生もいれば，周囲に他者の
目が合ったほうがやる気が起こるという学生もいる。早起きして取り組むほ
うがはかどるという学生もいれば，夜のほうが静かで暗くて，時間をあまり
意識しなくてよいので集中できるという学生もいる。いつも同じ場所がいい
という学生もいれば，日によって場所を変えたほうが飽きずに勉強できると
いう学生もいる。スタディスキル・コーチングを行う際には，学生一人ひと
りに合わせた学習スタイルを一緒に考えるために，検査結果を参考にするこ
とに加えて，幅広い視点でアセスメントすることが大切である。

（中島範子）

5 「弱み」を補う支援技術

5.1 支援技術とは

支援技術（Assistive Technology: 以下，AT）とは，障害のある人や高齢者など，心身に機能障害のある人の生活を支えるために利用される技術のことを指す。支援技術と関連する用語として，ユニバーサルデザイン（Universal Design: UD）があるが，ユニバーサルデザインは設備や制度など，ものごとの設計の段階から，障害者を含む多様な人々の利用を事前に想定し，またそれに対応できる作りにしておくアプローチである（近藤，2016c）。

日本における支援技術の定義として，電子技術や情報技術を基礎とするハイテクなもの（e-AT）から，簡単な道具を用いるもの（ローテク）や機器を利用しない技法（ノンテク）など多岐にわたる（全日本情報学習振興協会，2014）。つまり，必ずしも支援技術はICTのようなハイテクに限らず，ローテクを併せた多様なテクノロジーを意味する（近藤，2016a）。また，米国では1988年に成立した支援技術に関する法律であるAssistive Technology Actにおいて，障害のある人の能力を向上させたり，維持したり，増進するために用いられる製品や装置の一部，またはシステムである「ATデバイス」と，ATデバイスの選択・入手・利用のために障害者を直接的に支援するサービス全般を指す「ATサービス」の2つに定義されている（近藤，2016a；2016c）。例えば，日常生活を自分自身でコントロールできるようにしたい，障害のない人と同じように学校や職場，地域社会などの社会的な活動に参加できるようにしたいなどのニーズを叶えるために用いられる技術をATデバイスとして，それらの技術を提供するための人的資源やプロセスを含めたサービスをATサービスとして考えるとよいだろう。

ここでは，発達障害のある学生の学習や生活を支えるために活用できる技術やデバイスを支援技術（AT）として紹介する。これまでに，身体障害のある学生（渡辺・奥山・松清，2021）や，読み書き等を中心とした支援技

術（近藤，2016a；2016c）に関する報告がある。特に，読み書き以外の支援ニーズを含めて，大学等に在籍する発達障害のある学生において挙げられることの多い支援ニーズを中心に，関連する支援技術に触れることとしたい。

（佐々木銀河）

5.2　ニーズ別の支援技術の例

　支援技術の選択においては，障害の医学的な分類によるのではなく，修学・生活上の支援ニーズに応じて選択することがよい。また，支援技術は合理的配慮として，事前の環境整備である事前的改善措置として，あるいは学生の自助資源としても活用できる。このパートでは，学生等の ICT 利用スキルに関してまとめた近藤（2016a）を参考に，特に大学等に在籍する発達障害のある学生が抱えやすい「聞くこと」「読むこと」「書くこと」「覚えること」「考えをまとめること」「集中すること」の 6 つの支援ニーズについて関連する支援技術の例を紹介する（表 4-5-2）。ここで紹介するものはあくまでも例であり，科学技術の発展によって選択肢は変わっていくため，自ら積極的に情報収集する姿勢が期待される。また，「計算すること」など紙面の関係で十分に取り扱えていない支援ニーズもあることに留意する。なお，ここで紹介する支援技術は読者が探しやすいように商品名等も掲載しているが，紹介される企業等と著者に開示すべき利益相反はない。また，停止・廃止している商品やサービスもあるため，最新の動向に注意を払う必要がある。

　「聞くこと」について，発達障害のある学生の中には授業中の口頭説明や会話が聞こえにくい，ゼミやグループワークなど少人数での討論のときに何を話しているかわからないということがある。「聞くこと」の支援ニーズに対応した支援技術としては，録音機能や音声テキスト化（Speech-to-Text）がある。音声情報を録音しておくことによって後で聞き直しができる。また，音声テキスト化には様々な方法があり，パソコンを利用した要約筆記のほか，音声認識技術を利用した方法がある。音声認識技術は近年，その精度が飛躍的に向上しており，会話をリアルタイムでテキスト化できる

表 4-5-2　発達障害のある学生が抱えやすい支援ニーズと関連する支援技術

発達障害のある学生が抱えやすい支援ニーズの例		関連する支援技術の例
聞くこと	・授業中の口頭説明や会話が聞こえない / 聞こえにくい ・ゼミやグループワークなど少人数での討論のときに何を話しているかわからない	・録音機能 ・音声テキスト化 　(Speech-to-Text)
読むこと	・教科書やレジュメなどの視覚資料の文字が読めない / 読みにくい ・光のまぶしさなど視覚的な過敏性があって，文字の読みづらさや疲労がある	・音声読み上げ 　(Text-to-Speech) ・視覚補助具 　(読む範囲や色を調整) ・UD フォント
書くこと	・授業中に話を聞きながらノートが取れない ・ノートを取り終わる前に次に進んでしまう ・ノートを後で見返しても何が書いてあるのかわからない	・キーボード入力 ・録音機能付きデジタルペン
覚えること	・授業等で必要なものや貴重品を紛失する ・やるべきことがあるのに忘れてしまう	・学習管理システム ・カレンダーアプリ ・リマインドアプリ ・紛失防止タグ
考えをまとめること	・レポートで何を書いたらよいかわからない ・卒業論文などの構成をまとめることができない	・アカデミック・ライティング ・マインドマップ
集中すること	・周囲の視覚・聴覚刺激が気になって集中できない ・持続時間が短い ・やる気の起きない課題に取り組むことが難しい	・ノイズキャンセリングヘッドホン，イヤホン ・卓上パーテーション ・各種タイマー ・動機づけに関連するアプリ

サービス（例：PowerPoint や Teams，UD トーク）や，動画や音声データをテキスト化できるサービス（例：Stream，YouTube，Vrew）がある。音声テキスト化を利用するときの注意点として，専門用語や特定の単語（数字や記号，句読点など）を誤変換する場合があることに留意する必要がある。

　「読むこと」について，教科書やレジュメなどの視覚的な資料の文字が読めない，読みにくい，読めないわけではないが光のまぶしさなど視覚的な過敏性があって文字の読みづらさや疲労を感じる学生がいる。音声読み上げ（Text-to-Speech）の利用や，読む範囲や色，フォントの調整を行う視覚補助具等の支援技術によって読みやすくなることがある。音声読み上げとしては，スクリーンリーダーが活用できる。専用のソフトウェアもあるが，Windows，MacOS，iOS，Android など各種 OS には標準のアクセシビリティ機能として備えられている。音声読み上げ機能は，「話すこと」が困難な学生においても，自らがタイピングした文字を読み上げて合成音声によって他者に情報を伝えることができる支援技術にもなる。一方で，音声読み上げを利用するにはスクリーンリーダーだけでは不十分であり，音声読み上げに対応した資料の調達が必要となることに留意する。読む範囲や色を調整するために，一行単位で枠をつけられるリーディングトラッカーや，カラーバールーペ，カラーフィルターなど文字にハイライト色をつけて強調できる視覚補助具も使用できる。ブラウザの拡張機能として利用できるものもある（例：Google Chrome の拡張機能である Visor）。フォントについては，障害の有無にかかわらず読みやすいユニバーサルデザインフォント（UD フォント）を利用することもできる。読み書きに関する支援技術は近藤（2016b）が参考となる。

　「書くこと」について，授業中に話を聞きながらノートが取れない，ノートを取り終わる前に次に進んでしまう，ノートを後で見返しても何が書いてあるのかわからないなどがある。話を聞きながらノートが書けないなど，「聞くこと」と「書くこと」の困難が強く関連する場合は，「聞くこと」で取り上げた支援技術が有効な場合もある。「書くこと」に対する支援技術として，最もよく使われるものが，パソコンなどのキーボード入力である。パソコンでの筆記を行う場合，OneNote ではキーボードでタイプした内容とパソコンで録音した音声を同期させることによって，後で聞き直したい箇所の行を選択すると音声の頭出しができる。パソコンの利用が難しい場面では録音機能付きデジタルペンを用いてもよい。録音機能付きデジタルペンは，専用のボールペンとノートを用いて，筆記をしながら録音ができる。例えば，

録音機能がボールペンに内蔵されたタイプ（例：ECHO シリーズ）や，手持ちのスマートフォンやタブレット端末等で録音するタイプ（例：Neo smartpen）がある。

「覚えること」では，授業等で必要なものや貴重品を紛失したり，やるべきことがあるのに忘れてしまったりすることなどが支援ニーズとして挙げられる。大学等で導入される学習管理システム（Learning Management System: LMS）を活用することで，課題期限の一元把握や期限前のリマインドをできることがある。また，個人の予定を忘れてしまう場合には，スマートフォン等のカレンダーアプリ（例：Google カレンダー）やリマインドアプリを活用するとよい。ただし，スマートフォン等を利用しても画面を開かないと視覚的に確認できないため，視覚的に見つけやすい場所や位置にやるべきことを配置しておくことも有効である。例えば，日々の予定を視覚化できるツールもある。貴重品などの物をなくしてしまうことが多い場合には，スマートタグや紛失防止タグ（例：AirTag, MAMORIO, Tile）を貴重品につけておくことで，紛失した後に探しやすくなる。

「考えをまとめること」について，レポートで何を書いたらよいかわからない，卒業論文などの構成をまとめることができないなどが支援ニーズの例として挙げられる。学業の本質的な要素とも密接に関連する内容ではあるが，アカデミック・ライティングなど書き方の型を身につけることで対応できる場合もある。また，マインドマップが有益な場合がある。マインドマップは中心に中核となるテーマや概念を配置して，中核のテーマや概念から思いついたことを放射状に線をつないで図示する方法である。マインドマップの書き方は専門の書籍（例：ヴォーダマン，2017）や WEB サイトが充実しているため，そちらを参考にされたい。マインドマップを利用できるアプリケーションもあり（例：XMind），レポートや論文を書く前の頭出しや情報の整理に活用できる。

「集中すること」について，周囲の視覚・聴覚刺激が気になって集中できない場合や持続時間が短い場合，やる気の起きない課題に取り組むことが難しい場合などが挙げられる。周囲の刺激が気になる場合，聴覚刺激にはノイズキャンセリングヘッドホンやイヤホン，視覚刺激には卓上パーテーション

などが利用できる。集中力の持続時間が短い場合は，タイムタイマーなど時間を色の幅で示すタイマーなどを活用して，集中時間と休憩時間を短いサイクルで切り替えることも有効である。やる気の起きない課題に取り組む場合はタスクの動機づけに関連するアプリ（例：Habitica）を利用して，課題に楽しみを付加することも有効である。

（佐々木銀河）

5.3　アセスメントに基づく支援技術の選定とフィッティング

　支援技術を使えば，必ず支援ニーズが解消されるわけではない。アセスメントに基づく支援技術の選定とフィッティングが重要となる。また，支援技術を使うことが最優先なのではなく，学生自身の選択によって利用される必要がある。つまり，支援技術は学生の選択肢を拡張するものであると考えるとよいだろう。

　支援技術の利用に関するアセスメントでは，(1) 学生のアセスメントと (2) 利用が期待される環境のアセスメントの 2 つが重要と考えられる（図4-5-3）。

　(1) 学生のアセスメントでは，A) 学生の支援ニーズ，B) 学生の支援技術利用に関する履歴，C) 学生の支援技術利用に関する態度などを主に確認すべきである。(1)-A) 学生の支援ニーズについては，これまで述べてきた修学支援のためのアセスメントが活用できる。例えば，自記式質問紙の回答傾向から表れる支援ニーズをもとに，表 4-5-1 で述べた関連する支援技術を探してもよい。アセスメントによって機能障害が想定される場合には，機能障害の定義（例：読字障害，書字障害）と関連する支援ニーズ（例：「読むこと」や「書くこと」が難しい可能性）を想定してもよい。(1)-B) 学生の支援技術利用に関する履歴について，利用履歴がある場合は利用効果の主観的評価を聴き取る。利用したことはあるが効果がないと主観的に判断していたとしても，効果的に活用するための知識や経験が不足しているために主観的評価が低くなる場合もあるので注意が必要である。また，利用が期待される状況で現在，学生はどのように対処しているのかを聞いてもよい。(1)-C) 学生の支援技術利用に関する態度について，学生自身が支援技術を利

用することを「特別扱
い」であるとか,「優
遇されている」などと
捉える場合もある。こ
の点に対しては,支援
技術を実際に体験して
みることや,合理的配
慮として利用する場合
には「公平なアクセス
保障のための支援技術
の利用は学生の権利で
あること」を支援者が
強調することも求められる。

```
(1) 学生のアセスメント

A) 学生の支援ニーズ
B) 学生の支援技術利用に関する履歴
C) 学生の支援技術利用に関する態度
```

```
(2) 利用が期待される環境のアセスメント

A) 利用するために必要な物理的要件
B) 利用するために考慮すべきルール
C) 周囲における支援技術利用に関する態度
```

図 4-5-3　支援技術の利用に関するアセスメント

　(2) 利用が期待される環境のアセスメントでは,特定の支援技術を想定した上で,A) 利用するために必要な物理的要件,B) 利用するために考慮すべきルール,C) 周囲における支援技術利用に関する態度などを主に確認すべきである。(2)-A) 利用するための物理的要件として,例えば,アプリの場合は使用できる端末の OS が限られている場合がある。また,支援技術の中には高価な物品も含まれることがあるため,学生が支援技術を購入・活用するハードルは高くなる可能性がある。そのため,大学の相談室等で支援技術を一定数,保有しておくなども有効である。(2)-B) 利用するために考慮すべきルールとして,例えば,授業や試験で支援技術を利用するにあたって担当教員・部署に利用許可を得ることが必要な場合がある。一般的な環境では使用しない支援技術の特別な利用許可を出す必要があれば,ルールや慣行の変更として合理的配慮を検討する。(2)-C) 周囲における支援技術利用に関する態度については,学生の場合とも同様であるが,周囲の教職員や学生の態度が障壁になることがある。支援技術の必要性に関する理解を教職員や学生に求めることや,事前的改善措置として障害のある学生にかかわらず利用できるルールにするなども有効なことがある。

　以上のアセスメントを事前に,あるいは並行して実施しながら,支援技術

のフィッティングを行う。支援技術を調達して，使用方法を説明し，一定期間利用した後で感想や課題を聴き取って調整することが望まれる。このような流れは，支援技術のフィッティング（渡辺ら，2021）と呼ばれる。日本の大学等において，発達障害のある学生に支援技術のアセスメントやフィッティングができる専門家は限られているが，支援技術を教職員が調べたり，利用したりすることによって，知識を身につけることがまずは重要である。例えば，筑波大学で運用されている支援情報配信サービス「Learning Support Book（LSB）」では支援技術に関する情報が「障害」という言葉を用いずに学生生活に役立つテクニックやツールとして掲載されており，障害の有無にかかわらず，各大学等の教職員や学生が共同利用できる。支援技術のアセスメントやフィッティングに関するプロセスは，支援技術の知識が必要であること以外は，合理的配慮における建設的対話のプロセスや，本章におけるアセスメントからオーダーメイドな支援を行うプロセスと類似する点が多いと考えられ，既存の教職員の専門性を活かせる場面も多いだろう。

（佐々木銀河）

5.4 大学等における支援技術の活用事例

　大学等で発達障害のある学生に支援技術を活用した事例について紹介する。なお，ここで紹介する事例は，佐々木（2017）にて報告された事例を特に支援技術の活用に焦点を当てて紹介する。事例の報告にあたり学生本人より同意を得ているが，内容を大きく損なわない程度に個人情報等を加工している。

　大学生の健太さん（仮名）は文系学部の1年次に前期試験で入学した。幼少期より持ち物を忘れて，他者から注意されることが多く，両親を含めて周囲の人からは，健太さんの「やる気」の問題や「態度」のせいにされていた。大学入学後，講義や教員との個別面談の予定，大学生活に必要な物品（例：教科書，財布，携帯など）を頻繁に忘れてしまうことがあり，困っていた。ある日，大学の教職の授業において発達障害に関する講義を聞いて，健太さんは自分にも当てはまるのではないかと思って精神科を受診したとこ

ろ，ADHD の診断を受けた。ADHD の診断を受けたことをきっかけに，大学の学生相談室を利用するようになった。

　学生相談室では健太さんに，(1)-A) 学生の支援ニーズのアセスメントを行った。聴き取りによれば，「やることや物を忘れてしまうことが多くて，なんとかしたい」とのことであった。その後，心理検査として，CAARS，WAIS-Ⅳを実施したところ，CAARS の ADHD 指標における T 得点は，臨床的に有意な症状があると解釈される 66 未満であったものの，不注意に関する質問項目の得点が高かった。また，WAIS-Ⅳの結果から，物事を言語的に理解することや考えることが得意である一方で，記憶にとどめながら作業をすることの苦手さ，正確に書き写すことの苦手さが挙げられた。アセスメントの結果から，「覚えること」「書くこと」「聞くこと」の支援ニーズが想定された。支援ニーズと関連する支援技術の情報を収集するため，支援情報配信サービス「Learning Support Book（LSB）」を相談室の担当者が検索した。「覚えること」は予定管理に役立ちそうなカレンダーアプリが，「書くこと」や「聞くこと」は聞いてメモを取ることと関連があると推定されたため，録音機能付きデジタルペンが期待される支援技術として挙げられた。次に，(1)-B) 学生の支援技術利用に関する履歴を聴き取ったところ，カレンダーアプリは使用したことがなく，紙の手帳で予定を管理していることがわかった。しかし，紙の手帳を実際に確認すると，急いで書いているときなど字形の崩れがあり，後で見返しても何を書いているかわからない状況で，既存の方法では支援ニーズが満たされていないことがわかった。(1)-C) 学生の支援技術利用に関する態度として，「利用をしてみたいが，機械の操作を覚えるのは苦手である」ことを聴き取りにより確認したため，フィッティング時に一定のレクチャーが必要と考えられた。

　(1) 学生のアセスメントと並行して，(2) 利用が期待される環境のアセスメントを行った。(2)-A) 利用するために必要な物理的要件として，カレンダーアプリに必要なスマートフォンを所持していることを確認し，録音機能付きデジタルペンは相談室で貸し出せるように調達した。(2)-B) 利用するために考慮すべきルールについては，授業中に講義内容を録音する必要性が生じることから，障害学生支援室および所属学部と協議して，障害を理由と

する合理的配慮として講義内容の録音が許可されるように調整した。そして，(2)-C）周囲における支援技術利用に関する態度としては，教職員に録音機能付きデジタルペンの機能と役割を説明し，試験時には使用しないことで教員の否定的な態度の軽減を図った。

　以上のアセスメントを踏まえて，健太さんに支援技術のフィッティングを行った。カレンダーアプリは健太さんが利用を希望したアプリを面談中にインストールした後，今まで手帳に書いていた内容の一部をカレンダーアプリにも登録するように伝え，その場で登録した。録音機能付きデジタルペンについては，操作方法をその場で実演し，健太さん自身も体験した上で，貸出を行った。支援技術の貸出に関する面談から1週間後に利用後の感想や課題を聴き取って調整するため，フォローアップ面談を設定した。フォローアップ面談においては，カレンダーアプリを使うことで紙の手帳と違って予定の連絡をしてくれるので，当日に予定を忘れていても思い出せ，カレンダーアプリだと字が汚くならなくてよいという利点があり，手帳よりもカレンダーアプリを見る頻度が増えたとの肯定的な感想を得た。録音機能付きデジタルペンは，録音して聞き直しができる点はよかったが，通常のボールペンよりも少し重くて使いにくいという課題があり，デジタルペンの利用ではなく，担当教員に資料の電子配布を合理的配慮として依頼するように調整した。

　このように，支援技術によって解消されるニーズと解消されないニーズがあるため，本人の機能障害や支援ニーズのアセスメントに加えて，環境のアセスメントを行い，本人の生活の一部としてフィットする形で導入をしていくことが期待される。

（佐々木銀河）

⑥ 発達障害の診断あるいはその傾向のある学生の支援に携わる相談部署との連携

6.1 修学支援ニーズの高い学生に関する相談部署

6.1.1 大学生活全般に関する相談部署

　困りごとを感じているが，なかなか相談部署や支援機関につながらない学生は一定数いると考えられる。私立大学学生生活白書（日本私立大学連盟, 2022）によると，自分のことを何でも話せる友人が「いる」と回答した学生は 80.1% であった。同項目への回答結果として，2014 年調査では 83.5%，2017 年調査では 80.3% であり，徐々に減少している。また，不安・悩みの相談相手として「友人」「先輩」があげられているが，こちらの数値も「友人」は 2014 年調査：70.3%，2017 年調査：67.5%，2021 年調査：61.2%，「先輩」は 2014 年調査：15.6%，2017 年調査：9.7%，2021 年調査：5.4% と減少している。一方で，「誰とも相談しない」の値が，2014 年調査は 12.6%，2017 年調査は 14.8%，2021 年調査では 18.5% と増加している。学生生活の困りごとについて，友人や先輩などへ相談することができる学生は減少傾向であり，誰とも相談しない学生が増加している傾向がうかがえる。そのため，学内の困りごとについては，インフォーマルな関係での相談だけでなく，学内の相談部署の専門家などフォーマルな相談の選択肢を増やす必要がある。

　各大学等では，学生の様々な困りごとについて相談を受ける部署や，学生生活に必要な支援を提供する部署が設置されている。そこには学生支援の専門性を有した専門家が在籍し，学生の様々なニーズに応じて相談や支援を実施してくれる。なお，以下で紹介する組織等は，各大学等で有する支援資源や支援組織の違いにより，相談部署の名称が異なっていたり，複数の支援機能が統合されていたりする場合があるため留意が必要である。例えば，心理・生活面の相談を行う学生相談室や，心身の不調の際に医療的な支援を受けることができる保健管理センター，就職に関する相談を受けるキャリア支援室，障害を理由とした修学上の困難に対しての支援を担う障害学生支援部

署などがある。また，教育組織では，日々の修学面や生活面等について問い合わせられる。各部署の詳細は後述するが，このように学内で利用可能な相談先を把握しておくことも学内の支援・部署間の連携を計画するうえで重要である。

　では，学生は自分が困った場合に，どのように相談を開始するだろうか。ある程度，自分の主訴や悩みごとが明確な場合（例えば，心身の不調であれば保健管理センター，心理的な悩みであれば学生相談など）には，それぞれの専門部署に連絡を入れることができる。一方で，新入生など学内のことをよく把握できていない学生や，不調は自覚しているがどのように支援を受けたらよいのかがわからない学生も一定数いると考えられる。そのような場合には，まず相談を受け付ける窓口となる場所にアクセスできることが重要である。これらは例えば，「総合相談窓口」「なんでも相談コーナー」などの名称で大学に設置されている場合がある。また，学生が困ったときにすぐにアクセスできるように，ウェブサイトの紹介や新入生対象のセミナーでの宣伝，相談部署の情報が載っているパンフレットやカードなどの物理的な情報源の配布などが行われている場合もある。そのため，関係者も同じ情報や配布物を共有しておけるとよい。これらの相談部署は，困ったときに気軽に相談できる場所としての機能が重要である。これらの部署などが設置されていない場合なども，学生に「困ったときの対応方法に詳しい人がいるから聞いてみたら？」と紹介したりするなど，敷居を下げるような声かけをして，相談のスタートにつなげられるとよい。

　一方で，悩みや困りごとを抱えていながら相談に来ない学生もいる。そのような学生の個々の状況に合わせての対応を考えることも重要である。木村（2017）は，悩みを抱えていながら相談に来ない学生の理解と支援に向けて，いくつかの援助要請行動のプロセスを示した。援助要請の前段階として，問題が生起しているものの本人はその問題を認識していない，認識をしているものの対処を先送りしている，自分自身の力で解決したいと考えている，身近な人には相談したが学生相談は利用したくないと考えている，学生相談を利用したいと思いながらも実際に利用できていないという視点から相談に来ない学生の実態を整理した。これらの学生の実情に合わせて，相談部

署を紹介する必要がある。上記のような学生の支援方法の例として，日常的な関わりをきっかけとして，周囲の学生や教員が相談部署の利用を勧めたり，個別相談よりハードルの低い担任制度やピア・サポート活動による支援を受けたり（肯定的な被援助経験），カウンセラーの予防心理教育の講義の実施などをあげている（木村，2017）。

　学生の視点では，「相談をする」部署となると，特別な場所に行くという意識があるかもしれない。関係者は学生が置かれた状況や背景を考えながら，学生の困りごとに気づき，適切な部署につなげることが重要である。また，学内連携を始める際には，学生への支援が実施可能な部署（学生相談室，保健管理センター，キャリア支援室，障害学生支援部署，教育組織など）や，各部署で実施している支援内容やその支援部署における限界についても把握し，学生の支援ニーズや状況に応じて必要なときに紹介ができる準備をしておく。加えて，地域で利用可能な相談機関（地域の医療機関，発達障害者支援センターなど）などについても紹介・連携できるように準備しておくとよい。

6.1.2　心身の健康に関する相談部署

　大学生活において，学生の日々の心身の不調に関する相談に対応する部署がある。そのような部署は「保健管理センター」や「ウェルネスセンター」などの名称で呼ばれ，各大学に設置されている。

　具体的な活動内容を紹介すると，例えば，筑波大学の保健管理センターでは，「学生及び職員等の健康相談に応じること。学生のメンタルヘルスに関する相談，診療及び企画を行うこと。学生の修学，対人関係，その他生活上の諸問題及び進路指導における適性に関し，相談に応じること」（ウェブサイトより一部抜粋）などの業務を行っている。各大学等によって診療可能な範囲は異なるが，内科・整形外科・歯科など体の健康に関する診療から，精神科・心療内科など心・精神の健康に関する診療まで行っている。また，学生との相談の中で希死念慮や自傷・他害などの重篤な問題を示す場合には，保健管理センターなどとの連携が必要となる。ここでは，診断を受けたり，その症状・障害について説明を聞くことができたり，診断書の発行などの医

療的なアプローチができるのがメリットである。なお，薬物療法など保健管理センターで対応できない場合には，地域の医療機関につなげる必要性も生じる。これらの医療的なアプローチは他の相談機関では対処できないため，学生の状況に応じて積極的に紹介する必要がある。利用時に診断を受けたことで，これまで疑問に思っていた自分の特性について納得したり，自分の状態についての理解が促進されたりする場合もあり，医療的なアプローチを継続して受けることで，生活や修学面において安定することにつながるであろう。一方で，精神科に関する相談では，学外のクリニックや病院受診などに抵抗がある学生もいるため，そのような学生の気持ちも想定し，必要に応じて比較的敷居が低いであろう学内の機関をまずは紹介できるとよいかもしれない。

　また，各機関では，「保健管理センターだより」などの情報発信をしている場合もあり，直接保健管理センター等を利用しない学生，あるいは利用したい気持ちはあるが実際に利用するのはハードルが高いと感じる学生などに対して，情報発信やアクセスしやすくなるような取り組みが行われている。これらの情報を間接的に利用することなども，連携の際の工夫として考えられる。

　他方，学生の心理的健康に関する相談部署としては，例えば学生相談室などの部署が担うことが多い。学生相談を行う部署は，「学生相談室」「カウンセリングセンター」等の名称で呼ばれるが，保健センター等のなかに学生相談室が設置されている場合もある。

　学生相談室が受けている相談で，近年増加している領域としては，「学業」「進路・就職」「対人関係」「心理・性格」「不適応・不満」「精神衛生・心身健康」「経済的問題」「ハラスメント」「LGBT など性の問題」などがあげられる（日本学生相談学会，2018）。学生相談室について，日本学生相談学会の学生相談機関ガイドライン（日本学生相談学会，2013）では，「学生生活上の，あるいはまた個人的問題からもたらされる過重な心理的負荷によって，それらの教育機会を活用できない事態はどの学生にも生じうることである。また，そうした学生の指導にあたって困惑するという事態は，どの教職員にも生じうることである」（一部抜粋）とあり，学生のみならず，教

職員も含めてその対処が困難な場合が想定されている。学生相談室は，上記に示した困難に陥っている学生への相談だけでなく，予防教育や教職員に対するコンサルテーションなどの支援，FD・SD研修会などを通じた学生支援に関わる大学等の環境改善に取り組んでいる部署である。そのため，積極的な連携が図れると，学生に関する支援のみならず，教職員にとっても支援を受ける機会につながるため，有益な学内資源となる。

　そのほかにも，各大学等の相談室ではユニークな取り組みが行われている場合がある。筑波大学を例にすると，カウンセリング以外にも様々なグループ活動を行っており，これまで行われた活動として，「メイクアップ講座やアニメ心理分析，自己表現力アップ講座などのキャンパスライフセミナー，泊りがけで様々なプログラムや交流を体験するエンカウンター合宿など」（学生相談ウェブサイトより抜粋）といった活動が紹介されている。紹介したい学生の特徴なども踏まえて，特色のある活動につなげられるとよいかもしれない（例えば，アニメ視聴が趣味の学生を，趣味を共有する活動につなげるなど）。このように，自校の保健管理センターや学生相談室の利用について，その活動内容や特色を把握しておくことが求められる。

6.1.3　障害のある学生のための支援部署

　2016年より障害者差別解消法が施行された。同法はすべての国民が，障害の有無によって分け隔てられることなく，共生する社会の実現に向け，障害を理由とする差別の解消を推進することを目的としており，そこでは「不当な差別的取扱い」の禁止と，「合理的配慮の提供」が義務化され，大学にも対応することが求められている。

　こうした法整備を受け，大学等で障害のある学生を対象とした支援の窓口の整備が進んだ。日本学生支援機構（2023b）の調査によると，大学等の97.2%に対応する部署が設置されている。しかし，専門部署を設置しているのは26.1%に過ぎず，71.7%は専門部署以外の部署が対応している。

　専門部署の名称は様々で，「障害学生支援室（センター）」といった名称が多いが，「バリアフリー支援室」「アクセシビリティ支援室」「インクルージョン推進室」といった名称もある。また，より対象が広い学生支援セン

ターのような部署を設け，そこで提供する学生支援サービスの一部として障害のある学生に支援を提供している場合もある。

　障害学生支援部署が提供することが多いと考えられる支援をまとめると，教育組織との連携・調整（合理的配慮の提供），個別面談などがある。ほかにも，大学によって支援機器の貸し出し，自習室・休憩室の設置・提供など，多くの種類の支援が行われている場合がある。

　個々の学生のニーズを検討し，それらの困難に応じた支援を実施するためには，アセスメント機能，カウンセリング・コーチング機能なども必要になる。学生グループ活動の実施も学生の居場所づくりや社会的スキルを育てる上で効果的である。これらの機能を障害学生支援部署で担当することが難しい場合は，学内の他の学生支援関連部署，学外の相談機関・医療機関等と連携して必要な機能を補うようにする。

　障害のある学生にとって居心地のよいキャンパスであるためには，障害学生支援部署が充実するだけではなく，教職員全体の障害理解や支援スキルも重要である。そのため，教職員に対するコンサルテーション機能や，多様性理解につながる啓発イベントの企画なども求められる。また，障害のある学生のアドボケイト（advocate）機能も必要になる。自分の権利や援助のニーズを自ら主張できない当事者に代わって，第三者が権利を擁護する一連の活動をアドボカシー（advocacy）といい（河合，1993），アドボカシーを行う者をアドボケイトという。教職員の中には障害のある人の権利について十分な理解がない人もいる。学生が自ら声をあげることは難しい場合もあることから，障害学生支援部署が障害のある学生の権利を主張することが必要な場合もある。同時に，学生自身が自身の権利を主張する力，すなわちセルフアドボカシーを育てることも，障害学生支援部署として取り組んでいきたい。

　これらの障害学生支援部署に在籍する専門職員については，常勤だけでなく，非常勤の専門家や事務職員が担う場合がある。また，障害学生支援部署を他の学生支援部署が担っていたり，未設置の大学等もあり，常時相談等に対応可能ではない場合もある。日本学生支援機構（2023b）の調査によると，各大学等の障害学生支援担当者の割合について，大学に所属する専任の

割合は 26.6% と低い値を示している（短期大学は 14.5%，高等専門学校は 10.5%）。そのため，障害学生支援部署など各部署と連携を図る際の注意点として，連携が必要な際に，学内の専門職がいつ・どこで（非常勤の場合は何曜日に勤務しているか，どのような手段で連絡をするかなど）勤めているかなど基本的な情報をおさえておくことがはじめの一歩として重要となる。また，可能であれば関係者間で顔合わせを行い，情報交換をしておくと，いざ連携する際に安心である。

　また，今後は高大連携といった視点も重要になるであろう。発達障害のある生徒は，大学進学や環境の変化への適応や，障害に関連する困難への支援申請について難しさが生じる場合もある。高校在籍時の大学体験プログラム（例えば，わが国において先行するプログラムとしては，DO-IT Japan などがあげられる）の利用や，発達障害のある新入生向けのガイダンスなどの実施も，必要になると考えられる。

6.1.4　就職に関する相談部署

　大学・大学院は最後の教育課程となるため，卒業・修了後は多くの学生が社会で働くことになる。卒業・修了後は学生によって様々なキャリアが想定されるが，同様に就職活動の過程も学生によって様々であろう。発達障害のある学生は就職活動の過程において，様々な困難が生じる場合がある。その際は，学内外の部署・機関と連携して，就職に関する支援を受けられるようにする。

　発達障害のある学生が就職活動で感じる困難として，学修や卒業研究との両立があげられる。就職活動が始まると，大学内だけでなく学外での活動が生じるため，同時並行的な作業が求められる。例えば，人事担当者とのメール等を用いた連絡調整，エントリーシートの締め切りや面接等のスケジュール管理などである。複数の会社に応募することが多いため，これらの連絡調整やスケジュール管理を複数行いながら，学修と両立させていくのが一般的である。加えて，発達障害のある学生からの相談として多いのは，エントリーシートや自己 PR などが書けないなど自己に関することや，グループ面接等におけるコミュニケーションの難しさである。このような困難につい

て，自分一人での解決や取り組みが難しい場合には，就職活動を通じて伴走的な支援が受けられるようにする。

学内で就職活動等に関する困難を相談できる部署は，「就職課」や「キャリアセンター」「キャリアサポートセンター」などの名称で呼ばれる場合が多い。就職活動に関する相談や支援となると，3年生以上の高学年での利用をイメージすることが多いと思うが，特に障害のある学生は就職活動時期に限らず，早期より利用することが効果的である。例えば，専門家との定期的なコミュニケーションを通じて，働く自分をイメージしたり，自分自身の特性を客観視したりする機会を設け，将来的な就職活動の方針を考えていけるようにするとよい。

就職活動を通じて，発達障害のある学生の支援で特に重要となるのが，自己理解の促進である。自分を客観的に振り返る難しさが特性としてある場合には，支援を受ける中であらためて自分自身の特性について学生と教職員とで検討していく必要がある。発達障害のある学生は，他者評価と比べ，自己評価を低くつける学生もおり（末富ら，2019），このズレが大きいと就職活動には困難が生じる。他者の視点を交えて自己評価について検討する機会を設けたり，自己評価に対して適切な評価を受けたりしたあとに，支援担当者とともに，自分の得意なことは何か，苦手なことは何か，その場合にはどのようなサポートがあれば自分の苦手なことに対応可能かという視点で具体的に考えられるとよい。

また，発達障害のある学生の就職活動では，障害者雇用について検討する場合もある。学生本人にとっては，一般雇用枠で就職するか，それとも，障害者雇用枠での就職をするかは大きな選択となる。どちらを選択するにしても，それぞれメリット・デメリットがあるため，それらを整理し，違いを理解したうえで検討を進めていくことが重要である。一人で考えることもできるが，難しい場合には客観的な立場から意見をもらい，これらの選択について考えていけるとよい。

就職を支援する専門機関は学外にも様々なものがあるので，必要に応じて紹介できるようにする。また，地域によってはそういった専門機関が出前授業などにも対応している場合もあるため，必要に応じて依頼するとよい。以

下に代表的な就職関連の専門機関を列記する。

「新卒応援ハローワーク」は卒業年次の学生や既卒3年以内であれば利用可能である。加えて，ハローワークでは障害のある人向けの相談対応や支援体制を整えており，障害者向け求人も扱っている。次に，「就労移行支援事業所」は，企業等への就職を希望する18歳以上65歳未満の障害のある人（障害者手帳の有無を問わず）を対象とし，働くために必要な知識と能力を高めたり，就職後の定着支援を実施する機関である。なお，大学生の就労移行支援事業の利用は「①大学や地域における就労支援機関等による就職支援の実施が見込めない場合，又は困難である場合，②大学卒業年度であって，卒業に必要な単位取得が見込まれており，就労移行支援の利用に支障がない者，③本人が就労移行支援の利用を希望し，就労移行支援の利用により効果的かつ確実に就職につなげることが可能であると市町村が判断した場合」（厚生労働省，2017）で利用可能となるため留意が必要である。「地域障害者職業センター」は，障害者に対する職業評価，職業指導，職業準備訓練および職場適応援助等の各種の職業リハビリテーションサービスを提供する施設である。また，「障害者就業・生活支援センター」は，就職に向けた準備支援，就職活動の支援，職場定着に向けた支援，ならびに，生活面での支援を行っている。そのほかにも，「地域若者サポートステーション」などがある。なお，利用の実際については，各自治体や機関等に一度確認してから，障害のある学生に紹介するようにする。

就職活動は初めてのことが多く，障害のある学生に負担が生じる場合もあるため，継続的にサポートしてもらえる部署は非常に重要である。サポートを受けることで，安心して自分自身のことや将来について悩むことができるであろう。

6.1.5　教育組織

学生が卒業・修了するにあたっては，当然単位の取得が必要となる。学生の学びの場となる各授業等を担当する教員，ならびに教育組織との連携は非常に重要である。また，合理的配慮等の調整を図る際には，教育組織の関係者と連携し建設的対話の機会が設けられるようにする。

　合理的配慮の検討にあたっては，教育の本質を明らかにしておくことが前提となる。教育の本質があいまいな場合は，合理的配慮を的確に判断することが難しいため，大学等においては，教育の目標や方法・評価基準等を明確にし，その情報を学生に伝えていく必要が生じる（日本学生支援機構，2019）。加えて，合理的配慮の内容が妥当かどうかの判断基準として，教育の目的・内容・評価の本質を変えないという原則があり，それらの本質は明確にして公開される必要がある（日本学生支援機構，2019）。

　海外の大学等では，学生に実際にはどのような能力が求められているか，その詳細を示したコンピテンシー・スタンダード（competency standards）を公開している。これには，能力基準だけでなく，本質的である理由や合理的配慮の方法，課題の例まで詳細に公開されている（佐々木，2018）。日本において，上述したコンピテンシー・スタンダードに相当するものとして，教育に関する 3 つのポリシーや授業のシラバスがある。ディプロマ・ポリシーは，「教育理念を踏まえ，どのような力を身に付ければ学位を授与するのかを定める基本的な方針であり，学生の学修成果の目標ともなるもの」，カリキュラム・ポリシーは「ディプロマ・ポリシーの達成のために，どのような教育課程を編成し，どのような教育内容・方法を実施するのかを定める基本的な方針」，アドミッション・ポリシーは「当該大学・学部等の教育理念，ディプロマ・ポリシー，カリキュラム・ポリシーに基づく教育内容等を踏まえ，入学者を受け入れるための基本的な方針であり，受け入れる学生に求める学習成果を示すもの」とされている（中央教育審議会，2015）。また学生が各授業を選択・履修する際に参照するシラバスは非常に重要な情報源となる（日本学生支援機構，2019）。特に，講義の形式等・教材・評価に関する情報は，授業を選択するかどうか，選択する場合にはどのような支援や合理的配慮が必要となるかを考える機会にもつながるため，具体的な記載が求められる。3 つのポリシーとシラバスを通して，それぞれの学部・学科などで学生が本質的に何を修得するべきなのかを明確にすることが，支援のスタートにつながる。多様な学習者が存在するため，個々の教員がこれらの視点から授業を計画・実施することが今後は不可欠となるであろう。

　このような議論が求められる一方，現に障害のある学生に生じている困難に対して合理的配慮や教育的対応の調整の際に，教育組織や教員との連携が重要になる。合理的配慮は障害のある学生の機会均等を目的として実施される。しかし，合理的配慮を提供する教育組織・教員にとって障害の理解や合理的配慮の提供内容の検討が難しい場合がある。例えば，日本学生支援機構（2023b）の調査によると，障害のある学生全体の中でも，発達障害，精神障害，病弱・虚弱のある学生の占める割合が多く，これらは目に見えない障害であるため，教育組織として障害のある学生の機能障害や社会的障壁を正確に把握することが難しかったり，妥当な合理的配慮の提供につながらないこともある。そのような場合には，障害学生支援部署の教職員が障害の正しい知識について理解啓発を行う必要がある。加えて，必要に応じて合理的配慮ではないことの説明（本質を根本的に変更するもの，財政または管理上の過重な負担についてなど）も併せて行う。このように教育組織や教員と，障害のある学生の具体的な合理的配慮の案や支援内容の検討に入る前に，適切な理解と協力を得るための説明を行うことが必要になる場合もある。

　個々の学生と接する密度の濃いゼミ指導などにおいても，教員が関わりを工夫し，困難を感じている学生の支援につなげられる場合がある。例えば，ゼミ発表時において発表の形式やディスカッションの際のコミュニケーションの取り方を明確化する，指導時において口頭のみでなく図示するなど視覚的な手がかりを用いる，研究計画時において今後のスケジュール・変更などを毎回確認する，進捗状況の確認や締め切りに関して適宜リマインドを行うなどが考えられる。

　また，オンライン授業など学生との直接的交流が難しい場合にも，授業等のレポート提出を通じたやりとりが行われる。教員の視点から修学面における気になる様子や変化など（例えば，提出するレポートが締め切りを過ぎていることが多い，レポート内容から授業の重要な事項を把握できていないように見受けられる，レポートの記述量が毎回極端に少ないなど）が追えるとオンライン上でも学生の困難な状況が推測できるかもしれない。教員としての視点に加え，ゼミ同期生や他の学生の情報なども参考にしやすい立場であるため，修学面だけでなく，生活面や体調面についての変化も把握しやすい。

日々の生活の中で接する機会の多い教員の立場だからこそ,「気づく」ことができ,それらの困難に関する「対応」方法の検討を始めることができると考える。多様な学生が学ぶ場であることを前提として,あらためて教育の本質について議論・検討していくことが,これからの教育組織に求められる。

（脇 貴典）

6.2 アセスメント結果をどのように相談連携に活用するか

　アセスメント結果は様々な活用方法があると考えられるが,これまで説明が行われてきたように,まずは本人にとっての自己理解につながることが肝要である。特に自己特性の理解に加え,自分自身の強みや弱みなどを把握できるように客観的な指標を用いてフィードバックを行う必要がある。その過程において,本人が自分の特性について把握し,自分の強みや弱みと向き合い,本人の支援ニーズやそれに応じた工夫についてアセスメント担当者とともに考えることが重要である。また,本人が自分の特性を把握するという段階を経ていることで,アセスメント結果から自分の特性をより正確に関係者に伝えることができ,オーダーメイドな支援を調整することができる。アセスメント結果に基づいて連携を行うということは,本人の（障害を含む）特性を多様な関係者が把握し,その後の関係者間での一貫した対応につながるため,教育組織や相談部署等との連携がより効果的に進んでいくと考えられる。また,学生本人が関係者に自分の特性や必要な支援を伝える意思表明や援助希求スキルの向上にもつながるであろう。

　修学場面においては多くの困りごとが生じるが,連携に関する本人の希望を確認しておくことは重要である。加えて,教育組織等と連携するにあたっては,本人の同意を得ておくことが前提としてあげられる。なお,検査結果を共有する場合は,検査の機密保持のために,検査問題や検査用具,記録用紙,マニュアルなどを開示してはいけないことに留意する必要がある（日本文化科学社,2020）。また,本人から合理的配慮について申請があった際,その調整においてアセスメント結果を含めて建設的対話を進めていくことがある。要配慮個人情報の取り扱いとなるため,アセスメント結果につ

いては，「誰に」「どこまで」伝えるか共有の範囲を本人と事前に確認してお
くことが必要である。反対に，開示したくない情報についても同様に確認
し，可能であればその理由を聞いておけると（なぜこの人には伝えてよいの
か，なぜこの人には伝えたくないのか），連携やその後の環境調整の際に役
に立つ。

　特に相談連携においては，アセスメント結果を共有することで，関係者が
本人に対して「具体的にどのように動けばよいか」が明確になることが望ま
しいと考えられる。アセスメント結果は専門的な内容や専門用語で記載され
ていることが多いため，アセスメント担当者はその結果について，関係者に
「翻訳」して伝えるスキルが必要である。この翻訳では，検査結果や数値の
みを共有するのではなく，専門的な情報を正確，かつ，わかりやすく伝える
ということが求められるため，アセスメント担当者は各関係者（教職員向
け，専門家向け，本人向け，家族向けなど）に合わせた表現で伝達する必要
がある。そのためには継続した研鑽が求められる。この翻訳によるアセスメ
ント結果の伝達を通じて，関係者があらためて本人の状況や特性について把
握し，新たな学生像を考え，それに応じた関わり方を工夫することにつなが
る。

　相談連携を行うことのメリットとして，これまでの学生との関わり方を客
観的に振り返ることができる点もあげられる。具体的には，これまで関係者
がおのおの試行錯誤で行ってきた関わりを，専門家の意見を踏まえて振り返
ることができること，心理検査のアセスメント結果等の客観的な指標を用い
て本人の特性を見直せることなどがあげられる。また，アセスメント結果の
共有による連携を通じ本人の特性が見えてくることで，より具体的な問題解
決につながっていくこともある。問題解決の過程としては，大きく問題を理
解する段階，問題を解く段階，問題を吟味する段階があるが（安西，
1985），連携を通じて，「この学生にとっての問題は何か」ということにあ
らためて立ち返る機会にもつながる。アセスメント結果の共有をきっかけと
した連携により，問題が同定され，関係者が現在生じている課題を理解で
き，自分自身で本来対処可能であった関わり方などが明確になる場合があ
る。加えて，問題が理解された後には，問題を解き，その結果によって問題

を吟味する段階に移るが，問題が明確となった後であれば，これまで理解できなかった学生の行動に対する自分の関わり方について再度工夫を検討することができる。またその結果，これまでの対応でよかったという自分の対応への自信を感じられるようになることもあるだろう。アセスメント結果の共有を通じて，関係者に対する知識や対処法の伝達のみならず，学生対応への自信や客観性（Gutkin, 1981）の担保も含めた連携を図ることで，学生に対しそれぞれの立場から実施できる関わりを下支えすることにつながる。

　以上のように，相談連携を通じてアセスメント結果等を共有することで，多様な学生それぞれに対する各関係者の問題への対処法がより明確化され，結果として多様な学生に対しての関わり方が工夫できたり，これまで意識せずに行っていた自身の対応をより意識できることにもつながると考えられる。そして，このような関係者間での連携やコラボレーションを継続していくことによって，インクルーシブなキャンパスの実現に寄与できると考えられる。

（脇　貴典）

6.3　発達障害の特性に関連した相談連携における課題

　「目に見えない」障害である発達障害の特性への支援を検討する際に，課題として生じるのは，情報の共有である。連携をするにあたって，どのような情報を共有するのか事前の準備が肝心である。もちろん，客観的な情報やアセスメント結果などがあれば非常に参考になるが，用意できない場合は，これまでの面接や支援の経過なども連携にあたって参考になる。関係者間での連携の必要性がある場合には，もちろん本人の同意を得ておく必要がある。実際に情報を共有する場面において，自分の立場で把握している情報は何か，自分が相手に何を伝えたいか，相手に何を期待しているのかなどの情報が整理できていないと関係者間で学生の見立ての共有ができずに，最終的にそれぞれどう関わるのが妥当かを検討できない事態につながる。情報交換の準備ができていない場合にはせっかくの連携の機会にもかかわらず，互いの情報や役割が整理されないまま，それぞれの大変さのみが語られるだけで，学生の理解や支援方法についての議論が深まっていかないことにもなり

かねない。

　また，診断書などに記載された障害名を共有するだけでは，個人差の大きい多様な発達障害を有する学生の支援にはつながりにくい。このことは合理的配慮の調整時などに特に重要となる。学生の機能障害と合理的配慮の案との関連を踏まえたうえで，障害名だけではなく，アセスメント結果や支援の経過などもあわせて伝える必要がある。よくあるパターンとして，「診断書にASDと書かれているため，授業の配慮をしてほしい」とのみ伝えるのでは，必要な情報が不足しているだけでなく，適切な支援や合理的配慮の提供につながらない。ともすれば，教育の本質をふまえた公平な対応を行う際に支障が生じてしまう。例えば，「医療機関においてASDの診断を受けており，本人は対人関係面で困難を感じている。特に，口頭でのコミュニケーション場面ではどのように振る舞ってよいかわからずに支援を必要としているため，グループディスカッション時のルールを明確にしてほしい」など，学生の障害の特性や生じている困難等を明確に伝え，それに応じた支援について具体的に検討していくことが望ましい。このように具体的な情報をもとに連携が行われなければ，支援者の主観的な意見交換が中心となるため，各部署で支援等を実施する際に齟齬が生じ，肝心な状況の変容にはつながりづらくなる。

　次に，連携する教職員との対話においても課題が生じる場合がある。例えば，学生の障害の特性の情報が共有できていない状態で連携を図ると，実際の支援につながらない場合がある。特に，発達障害は「目に見えない」ため，教職員の注目が学生の気になる行動（例えば，繰り返し締め切りを過ぎてしまう，TPOに応じて態度が調整できないなど）に向き，その背景にある障害の特性の把握や支援にまで検討が及ばないことがある。このような場合には，発達障害の特徴について事前にFD・SD研修会等で情報を発信することや，短時間で読みやすい書籍等を紹介するなどの啓発活動も有効である。相談連携の促進には，連携する教職員間の価値観が一致していることが重要であるが（Chittooran, 2020），もし，関係者間の価値観が十分に一致していないような場合には，啓発活動だけでは不十分である。そのため，関係者間での連携の前後に，教職員と個別に話をする機会を持ち，それぞれ

の教育に関する価値観や学生の障害の特性の詳細について確認したり，個別に関わる場合の対応にかかる時間や実際の対応者などを具体的に検討する機会を持つことも重要になる。その際，障害学生支援部署の教職員が，「障害への差別につながるので，こうするべきだ」といった一方的な姿勢では，教職員もその話を受け入れづらく感じる。教職員にただ情報を伝達するのではなく，教職員と対話的な姿勢を維持することが結果的に支援の近道になる場合もある。

　他方で，障害学生支援部署の教職員自身も連携する際に注意すべき点があると考えられる。連携する際の流れとして，障害学生支援部署の教職員は学生のアセスメントや個別面談を行った後に，関係者間での連携を図ることが一般的である。連携の際に本人の同意を得ている段階で，障害学生支援部署の教職員は，学生本人から学生生活の困難感などを聞き，共感的に対応し，本人との信頼関係がすでに構築されていることが多いと想定される。また，合理的配慮の調整時など，関係者との協議の中で障害学生支援部署の教職員は中立的な立場を求められるが，場面や状況によっては合理的配慮を申請した学生に肩入れしたくなる気持ちも生じるかもしれない。反対に，協働した経験の長い教職員に対して無意識的に賛成の姿勢を示すかもしれない。そのような自分自身の思いに気づき，あくまで学生と教育組織双方から中立的な立場として臨むことが重要である。そのうえで，教育の本質や公平性に基づいて修学面で連携を図るといった専門家としての立ち振る舞いが必要となると考えられる。

　このように，連携の際にはいくつかの課題が生じると考えられる。可能であれば，事前に書類作成等の準備を行ったり，連携の前に同僚等と内容やポイントについて確認する機会などが持てれば，より効果的な連携につながるであろう。

（脇　貴典）

参考文献

安西祐一郎（1985）．問題解決の心理学——人間の時代への発想．中公新書．

青木真純・岡崎慎治（2019）．合理的配慮ハンドブック——障害のある学生を支援する教

職員のために．日本学生支援機構，pp.48-52.

Castiglione, L.(2018). *Assessing the need for access arrangements during examinations (5th ed.)*. Patoss.

Chittooran, M. M.(2020). A solution-focused consultee-centered consultation model to dismantle white privilege: Applications in a teacher education program. *Journal of Educational and Psychological Consultation*, 30 (3), 344-368.

中央教育審議会（2015）．三つのポリシーの策定と運用に係るガイドライン（骨子の素案）.
https://www.mext.go.jp/b_menu/shingi/chukyo/chukyo4/015/attach/1365326.htm［2023年12月4日閲覧］

大学入試センター（2023a）．令和5年度大学入学共通テスト　受験上の配慮決定者数.
https://www.dnc.ac.jp/kyotsu/kako_shiken_jouhou/r5/［2023年12月4日閲覧］

大学入試センター（2023b）．令和6年度 受験上の配慮案内．大学入試センター.
https://www.dnc.ac.jp/kyotsu/shiken_jouhou/r6/r6_hairyo.html［2023年12月4日閲覧］

Gutkin, T. B.(1981). Relative frequency of consultee lack of knowledge, skills, confidence, and objectivity in school settings. *Journal of School Psychology*, 19(1), 57-61.

Joint Council for Qualifications(2020). *Adjustments for candidates with disabilities and learning difficulties: Access arrangements and reasonable adjustments*.

河合　康（1993）．日本と欧米における障害者のアドボカシーの発達と現状．上越教育大学研究紀要，12(2)，255-268.

木村真人（2017）．悩みを抱えていながら相談に来ない学生の理解と支援——援助要請研究の視座から．教育心理学年報，56，186-201.

近藤武夫（2016a）．大学における障害のある学生のICT利用——支援技術および合理的配慮の観点から．コンピュータ＆エデュケーション，40，14-18.

近藤武夫（2016b）．学校でのICT利用による読み書き支援——合理的配慮のための具体的な実践　金子書房.

近藤武夫（2016c）．障害学生支援とテクノロジー．明星大学発達支援研究センター紀要，1，19-21.

厚生労働省（2017）．平成29年度障害福祉サービス等報酬改定等に関するQ＆A（平成29年3月30日）.

文部科学省（2017）．障害のある学生の修学支援に関する検討会報告（第二次まとめ）.
https://www.mext.go.jp/b_menu/shingi/chousa/koutou/074/gaiyou/1384405.htm［2023年12月4日閲覧］

日本文化科学社（2020）．心理検査ご利用時の注意点.
https://www.nichibun.co.jp/usage/［2023年12月4日閲覧］

日本学生支援機構（2019）．合理的配慮ハンドブック——障害のある学生を支援する教職

員のために．ジアース教育新社.

日本学生支援機構（2023a）．障害学生に関する紛争の防止・解決等事例集.
　https://www.jasso.go.jp/statistics/gakusei_shogai_kaiketsu/index.html.
　［2023 年 12 月 4 日閲覧］

日本学生支援機構（2023b）．令和 4 年度（2022 年度）大学，短期大学及び高等専門学
　校における障害のある学生の修学支援に関する実態調査結果報告書．https://www.
　jasso.go.jp/statistics/gakusei_shogai_syugaku/__icsFiles/
　afieldfile/2023/09/13/2022_houkoku3.pdf ［2023 年 12 月 8 日］

日本学生相談学会（2013）．学生相談機関ガイドライン.
　https://www.gakuseisodan.com/wp-content/uploads/public/Guide-
　line-20130325.pdf ［2023 年 12 月 4 日閲覧］

日本学生相談学会（2018）．2018 年度学生相談機関に関する調査報告.
　https://www.gakuseisodan.com/wp-content/uploads/2019/10/53ac-
　2c3f63e1cecc6601b89780645c6a.pdf ［2023 年 12 月 4 日閲覧］

日本私立大学連盟（2022）．私立大学学生生活白書 2022.
　https://www.shidairen.or.jp/files/user/20221011gakuseihakusho.pdf
　［2023 年 12 月 4 日閲覧］

Parker, D. R. & Boutelle, K. (2009). Executive function coaching for college
　students with learning disabilities and ADHD: A new approach for foster-
　ing self-determination. *Learning Disabilities Research and Practice*, 24 (4),
　204-215.

佐々木銀河（2017）．ADHD の大学生における医療機関と連携した修学支援の有効性.
　臨床発達心理士全国大会第 13 回大会 実践研究発表.

佐々木銀河（2018）．海外の大学におけるコンピテンシー・スタンダード．竹田一則
　（編）．よくわかる！大学における障害学生支援——こんなときどうする？ ジアース教
　育新社.

末富真弓・五味洋一・佐々木銀河・中島範子・末吉彩香・杉江 征・名川 勝・竹田一則
　（2019）．発達障害学生における就労準備性を高める支援についての検討——「就職活動
　準備講座」の分析を通して．障害科学研究，43(1)，163-172.

高橋知音（2019）．合理的配慮ハンドブック——障害のある学生を支援する教職員のため
　に，日本学生支援機構，pp.53-58.

ヴォーダマン，C.（著），山﨑正浩（訳）（2017）．イラストで学ぶスタディスキル図鑑
　——自ら学習する力をつける．創元社.

渡辺崇史・奥山俊博・松清あゆみ（2021）．新型コロナウイルスへの対応　第 4 回：リ
　モートによる支援技術サービスの可能性——DO-IT Japan でのテクノロジーフィッ
　ティングの経験から．リハビリテーション・エンジニアリング，36(2)，122-127.

全日本情報学習振興協会（2014）．福祉情報技術コーディネーター認定試験精選問題集
　VOL.1 改訂版．全日本情報学習振興協会.

アセスメント結果を活用した
修学支援事例の紹介

発達障害のある学生は定型的ではない多様な個の表れである。第1章から第4章までの内容を踏まえ，多様な個の状況をよりリアルに示すために，アセスメントを活用した修学支援事例を複数，紹介する。アセスメントを通して学生が自身の目に見えない特徴や傾向に気づき，目の前にある修学上の困難に対してアセスメントを活用した有効な修学支援の戦略を学生と教職員がともに見出していく過程を様々な事例から読み取ってほしい。

第5章 アセスメント結果を活用した修学支援事例の紹介

1 【事例1】スクリーニングからアセスメント，修学支援につながったAさん

　大学等への入学前に発達障害の診断またはその傾向が指摘されずとも，入学後に発達障害に起因する困りごとが生じるケースがある。ここでは，修学支援ニーズに関するスクリーニング的なアセスメントにより，修学相談につながり，その後，発達障害の診断につながった架空事例を紹介する。

【Aさん：相談開始時19歳，女性】

アセスメントに至る経緯

　Aさんは，文系学部に所属する女子学生である。筆者が所属する大学においては，当時，障害学生支援部署が，修学支援ニーズの高低を調査することを目的とし，信頼性・妥当性が確認された「学生生活の困りごと調査質問紙」（中野ら，2021）を実施していた。また，その調査により，支援ニーズが高いと判断された学生に対しては，個別のアセスメントを含む修学支援サービスの案内を紹介している。Aさんは，困りごと調査により個別の心理教育的アセスメントに関する情報提供を受け，自身の発達の特性および認知特性の把握を希望したため，個別の心理教育的アセスメントの受検につながった。

来談時の様子・主訴等

　障害学生支援部署に所属する筆者が，大学での修学状況や大学入学以前の学習状況，アセスメントを受けてみようと思ったきっかけ等に関する半構造化面接を行った。

　大学での修学状況や大学入学以前の学習状況等について，「中高時代は環境に慣れることには苦労したが，時間とともに解決していったため，大学で

も時間が経てば慣れて解決すると思ったが，授業のたびに受ける場所や周囲の学生が変わることになかなか慣れない」とのことであった。

また，「授業中，周囲の学生の会話や雑談が気になってしまうこと」「自分の後ろに人に立たれるのがイヤで，授業中は教室最後部の席を確保するようにしているが，最後部は授業中にしゃべる人が多くて集中できないこと」「アセスメントを自分が受けていいのか？　自分より困っている人がいるのではないか？　アセスメントを受けたとして対人関係に関する困りごとが改善するのか？」等について，本人の口から語られた。これらを考えてことばで表出するまでに長い時間がかかっていたことがAさんの特徴でもあった。そのような際には，適宜，大学入試や最近の様子のことで雑談をしつつ関係づくりに努めることとした。最終的には，長い時間をかけながらも，自分でアセスメントを受けることを決断することができた。

初回の面談時に，発達障害の特性を評価する自記式の質問紙への回答を求めたところ，「質問紙へ回答する様子は見ないでほしい」との発言があった。自分の考えを知られるのがイヤで，「こういう考えをしているんだ」などと思われたり，失敗をしたりするのがイヤだ，とのことであった。

アセスメント結果の詳細

Aさんとの初回面談の様子や聴き取りの内容から，発達障害の特性について比較的簡便に評価することが可能なアセスメントツールを選定した。その上で，AQ日本語版 自閉症スペクトラム指数（p.77）ならびにCAARS日本語版（p.78）を用いることとした。Aさんに対して，個別のアセスメントを実施したところ，AQの総合得点がカットオフ値を超える結果であり，特に，社会的スキルや対人コミュニケーションに関する得点が高い結果であった。CAARS自己記入式は，ADHD指標や総合ADHD症状のT得点が臨床的に有意な症状があると解釈される66を超えており，見えたり聞こえたりすることに気持ちがそれやすく，じっとしているように見えても内心は落ち着かないことがしばしばあることが推察された。

また，WAIS-Ⅳ（p.91）の結果について，FSIQは「平均～平均の上」に位置する結果であり，合成得点間では，ワーキングメモリー指標に対して

知覚推理指標の得点が有意に低いという結果であった。また，下位検査間では，見たり聞いたりしたことに対して，自分なりの意見や考えをまとめて表出することの困難さが確認された。その一方で，教養的な知識や事実に関する発言が求められる内容は平均を上回る結果であった。これらの結果から，見えたり聞こえたりする様々な情報の中から必要な情報を整理整頓すること，自分自身が落ち着ける環境を見つけた上で意見や考えをまとめることに対するサポートの必要性がうかがえた。

アセスメント後の対応

アセスメント結果のフィードバックの際に，Aさんが利用可能な支援ツール・サービスについて紹介をしたところ，「困りごとに対して，定期的に相談できる場があると助かる」とのことであったため，筆者の所属機関における修学支援として，定期的な面談の機会を設けることとした。面談に際しては，そのつど，困りごとへの対処法をいっしょに検討し，可能な範囲で日常的に取り入れてもらうこととした。アセスメント結果から，自分の意見や考えをまとめて表出することの困難さが確認されたが，筆者との面談に際しては，あらかじめ話したい内容をメモとしてまとめて来談したり，文字を書いて自分の考えを表現しようとしたりする様子がみられた。

また，「授業中，周囲の学生の会話や雑談が気になってしまう」等の困りごとについては，支援ツールとしてノイズキャンセリングイヤホンを使用することで，困りごとが軽減する可能性があることを本人に伝えたところ，支援ツールの利用を希望したため，貸し出しを行った。その結果，「使用の有無によって自分自身の集中の度合いが変わることが実感できた」とのことで，後に自費で購入をしたことが確認された。

その後も，定期的な面談を通して，自分に合った行動や思考のスタイルやそれらを踏まえてどのように行動をしていったらよいか等を確認する機会を確保した。また，Aさんは教職課程の履修も進めていたため，教育実習も見据え，自分自身の特性を言語化することも意識しながら面談を重ねた。

個別のアセスメントから3カ月ほど経過し，Aさんは2年生に進級したが，2年次ならびに3年次では仲の良い周囲の友人を頼りつつ，単位の取

得を進めていくことができた。また，個別のアセスメント時から 2 年次の 11 月頃にかけては，医療機関を受診することに対する否定的な意識を持っていた様子だったが，2 年次の 2 月ごろに学外の医療機関を受診し，その後，ASD の診断を受けたとのことであった。診断に際して，医師からは感覚過敏などの症状に対して学業上の配慮を要するとの意見書も提供された。加えて，教育実習に際しては，具体的なスケジュール等の見通しを立てることが難しいため，具体的なスケジュールや指示を事前に確認できる機会を確保したいという合理的配慮の提供を希望した。教育組織や実習先等の関係部署と連携し，教育実習に関連する情報については可能な範囲で紙媒体での事前配布あるいはメール等による個別の伝達を行うという合理的配慮の提供につながった。最終的には，実習を無事に乗り越え，教職課程を修めることができた。

（中野泰伺）

2 【事例 2】自発的な相談からアセスメントを実施し，修学支援につながった B さん

【B さん：相談開始時 24 歳，女性】

アセスメントに至る経緯

B さんは，理系学部に所属する女子学生である。大学の授業を通して，大学では無料で個別の心理教育的アセスメントを受けられることを知ったことに加えて，自分自身の発達障害の特性への興味があること，社会人になるにあたって，これまでなんとなくうまくいかなかったことの原因と対策を知ることを理由として，心理教育的アセスメントの受検を希望した。ここでは，テストバッテリーを組み，修学支援につなげた架空事例を紹介する。

来談時の様子・主訴等

B さんの主訴としては，「これまで独力で取り組んできたものの，気分の波が大きく，物事に取り組み始めることに苦労する」「約束に間に合うように家を出たり，課題等を期限までに提出したりすることに苦労する」，そして，「たくさんの人がしゃべっている空間にいることがつらい」等であっ

た。また，「自分自身の特性として物事に飽きやすいこと，就職先からも内定を得ているが果たして自分が同じところに通い続けることができるのかはなはだ心配であること」も困りごととして挙げられた。

　Bさんの初回面談（4年次の5月ごろ）には，障害学生支援部署に所属する支援コーディネーターが対応した。Bさんは初対面にもかかわらず，とてもニコニコしていて，明るい学生であるという印象を受けた。その一方で，「卒業に必要な実習の単位を2年連続で落としてしまい留年していること」「何度も同じ授業を受けていることに対する気まずさ」「見知らぬ後輩とグループワークをすることへの負担感」についても，にこやかに明るい口調で語られた。表面上は，強い程度で自責の念が感じられたが，Bさんの表情や口調を通してみると困りごとの程度はあまり高くないようにうかがえ，「努力が足りない」「なまけている」等の誤解を受けやすい学生ではないかとの印象も受けた。

　そのような修学上のつまずきを経ていること，就職を控えていることから，「自分のことを知りたい」「今後の対策を立てるためには，客観的に自分を知ることが必要であると考えていて，個別の心理教育的アセスメントを受けたいとのことであった。

アセスメント結果の詳細

　初回面談時のBさんへの聴き取りから，「自分自身の特性に興味があること」「修学上のつまずきの原因を知り，今後の対策に役立てたい」というニーズがうかがえた。筆者の所属機関において実施可能な個別のアセスメントとして，AQ，CAARS自己記入式およびWAIS-IVを選定し，実施した。AQの結果について，総合得点は平均をやや上回る結果であったものの，カットオフ値を下回る結果であった。カテゴリー別にみると，「社会的スキル」「コミュニケーション」に関する得点がカットオフ値を上回っていた。CAARSの結果について，総合ADHD症状のT得点が臨床的に有意な症状があると解釈される66を超えており，物事を覚えておくことや作業をやり始めることに苦労する様子がうかがえた。

　WAIS-IVの結果については，FSIQは「平均の上～高い」に位置する結

果であり，合成得点間では，言語理解指標および処理速度指標に対して，知覚推理指標およびワーキングメモリー指標の得点が有意に低いという結果であった。また，下位検査間では，見たものの法則性や関係性を推測したり判断したりすること，一度に言われた複数の数字を覚えて順番に行ったり逆から言ったりすることに対する困難さが確認された。これらの結果から，見えたり聞こえたりする様々な情報の中から必要な情報をピックアップしたり整理整頓したりすることに対するサポートの必要性がうかがえた。

アセスメント後の対応

アセスメント結果のフィードバックの際に，作業を可視化することが可能な支援ツールやリマインドをしてくれるアプリケーション等を活用して，Bさんなりに作業に集中しやすい環境を構築していくこと，やるべきことや効率よく作業するための言語化等が有効である可能性について伝達した。それらを踏まえて「自分なりに対策を考えて，まずは自分で対処法を見つけてみる」とのことであった。その後，年度前半（前期）の学期末に差し掛かったころに，Bさんからあらためて連絡があり，「授業のグループワークには参加できず，課題だけ提出したが，単位の認定は難しいと授業担当教員より指摘された」とのことであった。また，授業担当教員からは，「発達障害の診断書なり配慮依頼文書なり，事情を把握できる証明書があれば，単位認定できる可能性があるとも言われた」とのことであった。当初の主訴として挙げられていた「たくさんの人がしゃべっている空間にいることがつらい」に関連した困りごとが示唆された。そのため，テストバッテリーを組み，AASP（青年・成人感覚プロファイル；p.79），大学生活不安尺度（CLAS；p.66），社交不安障害検査（SADS；p.97）への回答を依頼した。

AASPにおいて，「感覚過敏」や「感覚回避」の得点が高く，周りの音が騒々しく感じられてしまい作業に集中できないこと，人前で発表することを求められると参加を能動的に避ける傾向にあることが確認された。また，CLASにおいては，大学の日常生活，授業や試験に対する不安が一般学生よりも非常に高い結果であることが示された。また，大学生活への適応にかなり困難を感じていることも示された。あわせて，SADSにおいては，人

前で話す，社交的な集まりに参加するといった行動に対して強い悩みを持っており，社会参加を避ける場面が多いということが確認され，そのような場面への参加を求められると，動悸や発汗，息苦しさを感じる傾向にあることも示された。これらの結果から，グループワークや口頭発表・プレゼンテーションに際しては，授業評価の本質を損なわない範囲で，Ｂさんの取り組みを報告できる機会を設けることが必要であると考えられた。また，Ｂさんへの聴き取りから，口頭発表やプレゼンテーションに際して，授業担当教員とマンツーマンであれば，負担感なく取り組めるとのこともうかがえた。

学期末の成績評価の時期にさしかかり，卒業要件のための単位取得ができるか瀬戸際での対応を，指導教員や授業担当教員を中心に検討していくこととなった。Ｂさんの様子については，年度当初から，指導教員と当該授業担当教員との間で情報共有がなされていたため，指導教員は早い段階からＢさんに対して医療機関への受診を促していたとのことであった。しかし，Ｂさんはそのハードルの高さも相まって，ついつい受診を先延ばしにしてしまっていたことが聴き取りから確認された。

その後，学期末にかけては，合理的配慮とは異なる形で，研究室の指導教員および教育組織内の教員による教育的対応を受けつつ，卒業要件を満たすための単位取得等の修学を進めた。また，4 年次の夏季休業期間に，Ｂさんは医療機関を受診することができ，4 年次の 1 月頃に医療機関から ADHD 診断に関連した意見書が提出された。これまでの経緯を踏まえ，指導教員を中心とした教育組織の教員による円滑な教育的対応により，合理的配慮とは異なる形ではあるが，卒業研究に係る口頭試問の個別対応や作品の提出が認められることとなり，卒業に必要な単位が認定された。

（中野泰伺）

③ 【事例3】教員から学生にアセスメントを紹介し，修学支援につながったＣさん

ここでは，アセスメント結果をもとに，学生が所属する教育組織と連携を行い，学生の示す困難について対応した架空事例を紹介する。

【C さん：相談開始時 26 歳，大学院博士前期課程 2 年生，男性】

アセスメントに至る経緯

　C さんは大学院博士前期課程 2 年文系コースに在籍する男子学生であった。本人の所属する教育組織の指導教員より，障害のある学生の支援を担当する専門職員（以下，支援担当者）が所属している障害学生支援部署に指導時の困難についてメールによる問い合わせがあった。主訴は修士論文指導の内容が理解できないということであった。それ以外にも，ルールや社会的観念から逸脱するなど気になる行動があるという訴えであった。支援担当者より，教育組織にメールで返信を行い，本人にアセスメントや個別相談を受ける機会を促す旨を連絡した。その後本人より，大学のウェブサイトを見てアセスメントを受けたいと申し込みがあった。

来談時の様子・主訴等

　来談した本人より話を聞くと，修士論文の指導時間を無断で欠席したり，修士論文作成に関する作業が続かず，時間をかけても進まないという状況であった。なお，在籍する大学院の進学は，別大学より大学院入試を経て入学していた。初回の面談後，本人の希望を確認しアセスメントを実施した。アセスメントでは WAIS-Ⅳ を行った。

アセスメント結果の詳細

　WAIS-Ⅳ の結果，FSIQ は平均の範疇であった。その他の指標得点間でばらつきが見られた。個人内の得意な力は，知覚推理，処理速度であり平均の上の範疇であった。一方，個人内の苦手な力を見ると，言語理解，ワーキングメモリーなどが平均の下の範疇であった。このことから，視覚情報をもとに推理したり判断して作業を進めていくことを得意にしていると考えられた。反対に，言葉による説明や理解が不十分になったり，聞いたことを短期的に記憶したり処理したりすること，物事を覚えておくことは苦手にしていると考えられた。そのため，口頭での指導場面などでは，聞いて学ぶだけでなく見て学びやすいように図示したり，記憶を補助できるようなツールを活用して学修を行うことが，本人の特性に合っていると考えられた。

アセスメント後の対応

アセスメント結果を本人に伝え，本人の得意な力と苦手な力について
フィードバックを行った。これらのフィードバック結果をもとに，自己特性
について考える機会につなげた。また，アセスメント後に個別相談を継続
し，本人の得意な力を活かした学修方法を検討した。一方，個別相談を通
じ，修学面だけでなく日常生活における対人面の困難が繰り返し語られたた
め，地域の医療機関を紹介し受診につながった。その後，受診結果が本人よ
り報告され，自閉スペクトラム症の診断であったとのことだった。

個別相談を継続し本人の様子について確認したが，修士論文指導時の困難
には変化がなかった。本人と教育組織双方から，アセスメント結果をもとに
連携を図ることについて希望があった。この時点で，アセスメント結果や受
診結果など，教育組織と個人情報を共有することについて本人の同意を得
た。

教育組織との連携は支援担当者より，指導教員にメールで連絡し，指導教
員の希望で大学院の専攻長の同席のもと行うことにした。当日は支援担当者
を含め 3 名で協議を行った。

はじめに，指導教員より指導中の本人の様子について語られた。指導場面
で教員が困難を感じていることとして，教員の説明が終わる前に，指導を遮
り本人が自分の考えをつらつらと述べること，作成した修士論文の内容につ
いて説明を求めた際に，徐々に関係のないことを話し，説明が逸れてしまう
ことなどがあげられた。また，他の学生に指導教員の指導内容とは異なる助
言をするなどをして，他の学生も困惑している様子が語られた。

協議の中では，支援担当者が指導教員の困難に共感的に応じ，また指導時
に工夫していることなどについて確認し，その取り組みを承認する機会を設
けた。指導場面と関連する情報として，知能検査の結果について情報共有を
行った。言葉だけの説明では本人の理解につながりにくいこと，本人の得意
な力を活かして指導内容を図示するなど視覚的な手掛かりを用いて説明をす
ることを確認した。加えて，コミュニケーションの困難には発達障害の特性
が影響していると考えられるため，修士論文指導の際のスケジュールや，ゼ
ミ内の会話のルールを明確化する必要性について検討した。

　これらの検討内容を通じて，指導教員としては指導時には図示したり，具体的な例を用いて指導を行ってはいたが，今後の修士論文における指導ではより意識して行っていくことが語られた。また，ゼミの指導時のコミュニケーションのルールを明確にすることについて取り組みたい旨が語られた。また同席した専攻長とも本人の指導内容の詳細について確認を行い，全員より了承を得た。

　時間の関係でこの時点でいったん協議を終了し，それぞれの場面で協議結果を参考にして，本人への対応を実施することにした。障害学生支援部署では修学面に関する個別面談の継続，指導教員は修士論文指導の隔週での実施など役割分担を明確にした。また，経過をモニタリングし，1カ月後に再度協議を行うことを確認した。加えて，ゼミ指導時のルールについては，協議の内容を反映させて，支援担当者より指導時のルールについてひな形を作り，メールで共有し意見をもらうことにした。

　第1回の協議終了後に，支援担当者よりコミュニケーションのルールや修士論文指導時のルールについて，協議の内容を反映した文書を作成し，関係者にメールで送信した。特に指導時の内容については指導教員の意見を反映して，指導時に無理がなく，実際のやりとりに近い形に修正を図った。最終的に関係者より了承を得た内容をゼミ指導時のルールとして確定した。支援担当者も個別相談の際に，本人とゼミ指導時のルールについて内容を確認した。

　協議後の経過を見て関係者で再度集まり，各自の対応を振り返った。修士論文の指導場面には，本人は安定して参加することができるようになったと報告があった。また，ゼミ指導開始時に毎回，紙面でルールを確認してから指導を始めたことで，前述した指導場面でのコミュニケーション上の困難が見られなくなった。指導教員より，修士論文の指導内容は，図示等で丁寧に示すため一度に学ぶ内容は少なくなったものの，具体例を確認しながら本人も取り組んでいると報告があった。状況については，修士論文の進捗は以前と比べ進んでいるが，年度内の修了は厳しい様子であった。しかし，当初の指導時に問題と感じていた行動については変容が見られた。再度気になる行動や今後の対応について詳細を検討し，必要な対応を各自が確認して，3回

目の協議を行うことにした。

　3 回目の協議では，支援開始前の気になる行動が減っていること，本人の対応について指導教員を含め関係者間でも対応方法が理解できたことより，以後問題が生じたら連絡を取ることにして協議を終了した。指導教員や関係者より，「はじめは，ここまで丁寧に指導する必要があるのかと思った」「本人に合わせて指導を変えることで，パフォーマンスが変わっていくことがわかった」「今では本人の思いがなんとなくわかったので，こちらの指導を変えることに抵抗がなくなった」など教員自身の思いが語られた。

　最終的には，年度内の修了はできなかったが，次年度に修了した。また，個別相談を通じて，1 年間の生活を振り返ったり，自分の特性を見直すなどの機会にもつながった。このようにアセスメント結果をもとに連携し，対応方法や方向性について関係者と協働しながら支援を行った。

（脇　貴典）

4　【事例 4】対人不安や時間管理の苦手さを抱える D さん

【D さん：相談開始時 20 歳，3 年生，女性】

アセスメントに至る経緯

　授業中の様子や課題の提出状況をみて心配した授業担当教員が学生相談室でのカウンセリングを勧め，その教員に付き添われて初回のカウンセリングを受けた。カウンセリングの中で，ADHD，ASD の診断を受けていることを話したが，自身の特性とどう向き合うべきかわからず，混乱した状態だったという。そこで，自己理解を深め，心理的負担を軽減するため，障害学生支援室でのアセスメントおよび修学支援を紹介されて初回の来談となった。

来談時の様子・主訴等

　初回の面談には一人で来室し，授業中に感じている不安を話した。授業中に発表したり，3 人以上でディスカッションをしたりするとき，強い緊張が生じてしまうとのことであった。言葉に詰まり，第一声を発することができ

ず，ますます焦りや不安が高まってしまうことに対処できずにいた。一方で，1 対 1 で話しているときには比較的対応できていた。相談当初，少人数でディスカッション中心に進める授業や文献を輪読して発表する授業を履修しており，そのうちのひとつの授業担当教員が相談を勧めたのである。

また，文章をまとめることに強い苦手意識があり，先延ばしにしてしまうため，期限までに課題を提出できなかったり，直前になんとか取りかかることができたとしても不完全な仕上がりで提出することになり，評価が下がってしまったりという状況が続いているとのことであった。

アセスメント結果の詳細

① WAIS-IV（21 歳 0 カ月時）

全検査 IQ=119，言語理解指標 =134，知覚推理指標 =109，ワーキングメモリー指標 =119，処理速度指標 =93 であり，合成得点間に明らかな差がみられた。語彙力，言語による思考力，説明する力，教養的な知識は平均以上に備わっていた。図形や空間のイメージを頭の中で操作したり，推理して法則を考え出したりする能力も平均的に備わっていた。用件や指示を一時的に記憶したり，頭の中で複数の処理や作業を並行したりする能力も平均以上に備わっていた。一方で，些細なミスが多く，速く正確に処理することは苦手としていた。また，重要でない部分に注目してしまうこともあった。

② BADS（遂行機能障害症候群の行動評価；p.98）

標準化得点は 104 であり平均範囲内といえるが，時間感覚を必要とするか否かによって課題間の得点に差がみられた。具体物を使用して課題解決したり，明確な指示やルールに従って作業したりする能力は備わっていた。一方で，作業に明確な終わりがなく，自らゴール地点を設定する必要があり，時間制限もない課題については，検査者が声をかけるまで淡々と飽きることなく数分間続けていたことから，時間感覚に弱さがあると考えられた。

アセスメント後の対応

学生相談の利用と並行して，障害学生支援室での修学支援のための個別相談を月 1 ～ 2 回の頻度で開始した。年 1 ～ 2 回，本人と学部教員（のちの

指導教員），学生相談担当，障害学生支援担当等が参加し，情報を共有した
り目標を確認したりする機会も設定した。

　対人不安については，授業時の合理的配慮を依頼するため，本人と障害学
生支援担当者とで希望する配慮内容について整理し，担任を含む学科の教員
に提案した。具体的内容としては，発言を求められたとき回答に詰まること
が予想されるため，事前に考える時間を確保したり，順に発表を求める場合
は後半に回したりすることを依頼するものであった。また，すぐに回答でき
ないときに急かしてしまうと，余計に不安が高まり固まってしまうことがあ
ること，回答に詰まって周囲を待たせてしまうことにも罪悪感が生じてしま
う可能性があることもあわせて伝えた。話し合いの結果，これらの合理的配
慮依頼について合意が得られたため，配慮依頼文書を発行して授業に臨むこ
ととなった。以後，授業参加への心理的不安が軽減され，発表を求められる
授業にも参加しやすくなったとの報告があった。

　修学支援のための個別相談では，時間管理に注目してスタディスキル・
コーチングを行った。レポートに取りかかる前には，いつまでに完了させる
か，スモールステップに分けると各ステップに何日かかりそうか，いつから
取りかかり，各ステップの完了日をいつに設定するか，完了したときのご褒
美を何にするか等を話し合った。スモールステップに分けた理由の 1 つ目
は，作業の見通しを持ち，取りかかりやすくするため，2 つ目は，本を丁寧
に読み過ぎてしまったり，調べものに時間をかけ過ぎてしまったりすること
で先に進めないという状況を避けるためであった。各ステップの進捗によっ
ては途中で予定変更となることもあるため，必要に応じて自己修正すること
も事前に確認した。ご褒美の設定については，苦手なことへのモチベーショ
ンを上げたり，維持したりするためのもので，レポートが仕上がったら買い
物へ行く，あるいは友人と食事へ行く等としていた。具体的な作業目標を手
帳に書き込み，作業日数を意識しながら取り組んだことにより，ひとつの作
業に時間をかけ過ぎることなく，完成度の高いレポートを仕上げることがで
きるようになっていった。

　個別相談を進めるなかで，集中しているときは，休憩や食事の時間も忘れ
て何時間でも作業を続けてしまうことがあるというエピソードも出てきた。

そこで，タイムタイマーの使用を提案した。一般的なタイマーの場合は，残り時間に意識を向けることが難しく，集中しているときは終了音が鳴っても耳に入らないことが多く，気づかずに続けることが多いと言っていた。タイムタイマーの使用を開始してからは，残り時間が目の前に赤いバーで表示されるため，注意を向けやすくなったとのことで，積極的に使用していた。このように時間を意識させたことによって，作業時間は，30 分ごとに区切るとペース配分しやすいということにも気づいていった。また，作業中の休憩時間にもタイムタイマーをそばに置いておくことにより，趣味に没頭してしまったり，別のことに集中してしまったりすることを回避できるようになっていった。時間管理の方法としては，カレンダーアプリに予定を入れ，スマートスピーカーを介して予定を読み上げたり，リマインダーを設定して通知したりという工夫も自ら取り入れるようになった。

　本事例は，複数部署で連携態勢をとることができたおかげで，卒業研究についても，短期的な目標を設定しつつ進めることができた好事例であった。

（中島範子）

5 【事例 5】忘れ物が多く，スケジュール管理が苦手な E さん

【E さん：相談開始時 23 歳，大学院 1 年生，男性】

アセスメントに至る経緯

　インターネット上で ADHD のことを知り，調べてみると自分に当てはまる部分が多かったことから，生きづらさを軽減するための手がかりを求めて来談した。初回の相談時，発達障害の特性を知るためのアセスメントを受けることを希望したため，障害学生支援室のアセスメント担当者により AQ，CAARS，WAIS-Ⅳを実施した。

来談時の様子・主訴等

　小学 1 年生のころから忘れ物が多く，宿題を学校に置き忘れて帰っていた。駐輪場で鍵を忘れたことに気づいて家の中へ取りに戻ることもたびたびあるとのことだった。いつもと異なる駐輪スペースに止めると，どこに止め

たかわからなくて見つけられなくなることや，バッグや財布を置き忘れそうになったこともあると話した。

　また，スケジュール管理が苦手で，スケジュール帳を使用していたときは書き忘れが多かったが，現在はアプリで一括管理しており，リマインダーも設定しているとのことだった。朝起きて家を出るまでの段取りがうまくいかないこと，研究の進捗を管理できないことに困っていると話した。授業課題は，期限までに提出できることもあれば，遅れることもあるとのことだった。

アセスメント結果の詳細

① AQ（自己記入式）

　総合得点は 26 点でカットオフ値を下回っているが，注意の切り替え 7 点と想像力 7 点はカットオフ値を超えていた。本人の回答結果より，複数のことを同時にできない，作業を中断して他のことへ移行できない，ひとつのことに没頭しやすいなど，注意の切り替えの難しさが見受けられた。また，作り話をされても気づかない，小説などの登場人物や背景を想像しにくいなど，想像力の乏しさがうかがえた。

② CAARS（自己記入式）

　T 得点は ADHD 指標 =69 で平均より高く，不注意 / 記憶の問題 =75，多動性 / 落ち着きのなさ =60，衝動性 / 情緒不安定 =56，自己概念の問題 =58 であった。本人の回答結果より，気が散りやすい，忘れっぽい，物の整理が苦手，スケジュール管理が苦手など注意や記憶に困難を感じていることがうかがえた。このほか，しゃべりすぎることも回答に表れていた。

② WAIS-Ⅳ（23 歳 3 カ月時）

　全検査 IQ=113，言語理解指標 =136，知覚推理指標 =116，ワーキングメモリー指標 =88，処理速度指標 =85 であり，合成得点間に明らかな差がみられた。言語理解能力は非常に高いが，他の能力との差が非常に大きいため，生きづらさを抱えている可能性が高いと思われた。語彙や教養的な知識は豊富であり，言語を用いて思考したり，他者に説明したりすることは得意としていた。イメージを頭の中で操作したり，法則を考え出したりするこ

とも比較的得意としていた。一方で，用件を一時的に記憶にとどめること，マルチタスクをこなすこと，先を見通すこと，速く正確に作業することは苦手と考えられた。作業を丁寧にしすぎる面もみられた。

アセスメント後の対応

　発達障害の特性が検査結果の中で数値化されたことによって，過去の経験や現在の困りごとと結びつけて，どのような工夫が必要かを考えることにつながった。朝の準備については，ルーティンをホワイトボードに書き出したり，趣味の用具は収納して注意が分散しないように環境を整備したりすること，スケジュール管理については，タスクを付箋に書き出したり，音声メモに録音したりすることを話し合った。その時点では継続相談を希望せず，半年後にあらためて相談の申し出があった。以降，修学支援のためのコーチングを月1回の頻度で開始した。

　相談再開時，スケジュール管理がうまくいかず，タスク完了が締め切り直前になることが多く，クリニックの受診を考えているとのことであった。集中できないことも多く，計画していた時間の2〜3倍かかることもあるため，社会に出て苦労をする前に診断を受けるべきかと悩んでいた。その後，クリニックで診断を受け，ADHDで不注意傾向が強いこと，ASDの受動型であることが指摘され，コンサータ®，のちにインチュニブ®の服用を始めた。

　計画性がないこと，目の前のタスクに追われてしまうこと，一つひとつの作業に時間をかけ過ぎてしまうことについては，夜寝る前に，翌日の計画を立てることを習慣化するように話し合った。その日に取り組んだことを確認したのち，翌日にすべきことを書き出して整理すること，細部までこだわって時間をかけ過ぎることがあるため，時間を区切って作業するように計画すること，持ち物をリスト化して事前に準備し，忘れ物を減らすことなどを試みた。これらの成果として，タスクの確認を習慣化することによって，見通しを持てるようになり，気持ちは楽になったと振り返っていた。

　本人の取り組みと服薬の効果により，時間の使い方を工夫することはできるようになっていったが，とりかかりの改善は難しかった。優先順位をつけ

ても，簡単なものから取り組んでしまい，時間がかかりそうなタスクは先延ばしにしてしまうことが多かった。そこで，時間をかけ過ぎず，完璧を目指さず，作業に折り合いをつけて取り組む方法について話し合った。その後，手を抜いてよいところに気づけるようになり，全体の質を落とさず，負担を軽くしながらタスクに取り組むことができるようになっていった。

　集中するための環境整備としては，部屋で作業するときに手の届く範囲に余計なものを置かないように工夫することを話し合った。スマートフォンは機内モードに設定してバッグへ入れたり，作業時にパソコンでSNSや動画を見てしまわないようにするため，インターネット接続を切断したりすること，気分転換の時間もしっかりと確保し，メリハリをつけて作業することを試みた。これらにより，他のものへ注意がそれることが減り，作業を進めやすくなったとのことであった。

　本事例では，言語理解能力の高さを生かし，うまくいくための方略を本人に考えさせることに主眼を置いていた。自己理解が深まるにつれて，取り組みの姿勢によい変化がみられた事例であった。

（中島範子）

⑥　【事例6】読み書きに困難を感じていたFさん

【Fさん：相談開始時19歳，2年生，女性】

　障害理解に関わる授業の受講を契機として，読み書き困難の苦労を振り返り，担当教員の紹介を通じて障害学生支援室の来談に至った架空事例をとりあげる。アセスメントを通して，自己理解を深め，周囲の支えと自助努力により成長を遂げて，障害児者の支援者として活躍するFさんである。

アセスメントに至る経緯

　Fさんは，小・中・高校では，理解のある担任教師に出会えたこともあり，学習面での配慮を求めるには至らなかった。勉強に力を入れてきたが，その努力は報われることなく，友人より成績が劣ることにずっと無力感を抱いてきた。大学入学後，受講した授業で，発達障害，特にSLDのある人の

特徴，育ち，学びの苦労や支援を知り，自分の悪戦苦闘と重なることが多かった。授業の後，担当教員に対処法を個別に尋ねた際，専門的な相談に応じている障害学生支援室の情報を得て来談するに至った。担当教員（その後，指導教員）は障害学生支援の委員も兼ねていたことから，本人の承諾のもと，学生，担当コーディネーターと情報を共有し，必要な合理的配慮について協働することとなった。

来談時の様子・主訴等

授業のレポート作成には，つねに困難さを感じていた。特に，適切にまとめようとするあまり時間がかかり，大きなストレスとなる。自筆は苦手で，パソコンは必需品となった。指示理解にも自信がもてず，メモ帳が手放せないでいた。

アセスメント結果の詳細

①一次的なアセスメント（読み書き支援ニーズ尺度RaWSN）

読みの困難さ（±）　書きの困難さ（+）　その他の困難さ（聞く，話す，計算する，記憶する等：++）[1]

学齢期と比較し，読み書きとも困難さは減じ，特に読みは平均に近い値となったが，その他の困難さは減じることなく，一貫して認められた。その他の困難さは自助努力では解消しがたく，その支援ニーズが存在すること，読み書きの困難さは自助努力により軽減されたものの，その代償として認知的な負担に伴うストレスを抱えやすいことも理解された。さらに，読み速度，意味理解，構成力，ワーキングメモリー，短期・長期記憶，聴覚・音声系の感覚情報処理にも弱さのあることが示唆された。

②二次的なアセスメント（WAIS-Ⅲ，ASR日本語版，IVA-CPT，読字・書字課題RaWF＋視線計測）

全検査IQは平均的なレベルだが，言語性＞動作性，さらに言語理解・知覚統合＞作動記憶・処理速度となり，苦手科目としてきた算数には，その背

---

[1] ここでは，自覚的な困難さの程度を，±＝やや困難，+＝困難，++＝かなり困難として表記した。

景にワーキングメモリーの拙さもうかがわれた。視写を伴う作業では，集中して取り組むものの，頻繁に確認しながら書き写すことで時間がかかり，手際よく進めることが困難であった。一方，知識や視覚的手がかりを精力的に活用し，言語理解や知覚統合では一定の得点を得る等，強みにつながる特徴もみられた（推定 FIQ の算出が可能な WAIS-Ⅲの「知識」「行列推理」による評価点では，平均以上であったが，「語音整列」をみると平均を下回り，ワーキングメモリーに課題のあることが，追加の検討として確認された）。

　掘り下げ検査として，併存性や妥当性を確認するため，ASR 日本語版（p.97）を用い，思考・注意など複数の領域で，臨床・境界域にあることを確認した。IVA-CPT（p.99）では聴覚刺激に対する反応が一貫せず，聴覚的注意を保ち続けることの難しさも指摘された。さらに，視線計測により，読みを RaWF（p.93）の視写課題を用いて確認したところ，視線移動の速度が遅く，黙読・音読とも読みに時間を要し，読みの負担は依然少なくないことが確認された。

　なお，一連の検査は，主に障害学生支援室コーディネーターが実施したが，障害者・障害児心理学を専門とし，障害学生支援の専門委員も担う教員の協力も得た。

　本人へのフィードバックでは，困難さの背景とともに，自助資源として活用できる長所も確認し共有した。RaWSN（p.80）からは，特に記憶の拙さが影響して，文章作成に必要な段取りが不確かとなり，本来の力が発揮されにくいこと，一方苦手な算数でも，具体的に手順を理解することで，作業を進める力を獲得してきたことも共有された。努力の継続にはストレス対処スキルの向上も必要なこと等が伝えられた。具体的な対応戦略では，レポート作成スキルの向上を念頭に，実行機能（Executive Function: EF）支援を含む対策を明示し，取り組みの状況をコーディネーターと共有しつつ，指導教員にも適宜報告がなされた。その内容は，読みでは論文読解での付箋メモを活用した要点把握と文字化を，書きでは見本となる論文の構成を参考に，レポート作業を視覚的に工程化し，進行状況を確認（一部マインドマップ等も活用）することであり，本人の特徴に理解を示した友人による情報整

理や作業の確認支援も大きな支えとなった。

アセスメント後の対応
コーディネーター・指導教員・学生間で共有された援助方針
　①コーディネーターによるフォーマルな修学支援：論文作成の基礎スキルの支援。②ゼミ指導教員によるインフォーマルな修学上の包括支援：論文作成に関する専門的な助言（適応面・進路面においても，コーディネーターからは，進路適性と自身の特徴との親和性について，指導教員からは複数の進路の可能性に関する情報提供が，その役割を調整しつつ協働してなされた）。

　①支援経過（コーディネーター）
　２年次に教員の紹介で来談。自己表現がうまくできず，対人的なコミュニケーションにつまずきやすいこと，学齢期から継続して，読み書きも不得手なことが語られた。実際のレポートの記述を確認し，RaWSN の結果に照らしてみると，文章の構成を苦手としてきたことが理解される内容であった。実際，レポートを１枚作成するにも数日かかることがあるといい，複数のレポートを抱える学期末には，努力をしても追いつかないほどの負担に青息吐息であった。メモ帳をつねに携行し，レポートに必要な情報は，事前に収集し書き貯める自助努力を欠かさない几帳面さもあったが，口頭説明の理解にも苦戦してきた。それでも学齢期には，苦手とした作文や算数の文章題，図画工作等，不器用さもあり時間はかかったが，担任教師の助言を頼りに，配慮を受けずにやりとげてきたという。
　３年次には，インターンシップで福祉機関の業務を体験し，大学院進学一辺倒であった進路を再考する機会が生じた。合理的配慮の申請も考え，診断を求めて受診した医療機関から，障害学生支援室にも必要なアセスメントを求める依頼も寄せられ，対応することとなった。診断は，SLD に関わる困難さと支援ニーズの指摘に留まる暫定的なものとなった。アセスメント結果は，自身の得手不得手の体験と重なるものとなり，進路適性の検討にも役立った。年度末には卒業研究の計画・立案に向けた小レポートの提出が求められた。事前にレポートしてきた論文等から，論点を整理し，目的を生成する必要があった。論を深める作業を視覚化して行うため，メモとして付箋を

活用した作業を勧めた。細部へのこだわりから作業が滞ることもあり，全体を進める優先順位づけも助言した。付箋の活用に加え，友人の協力による作業の確認や励ましも得て，無事提出にこぎ着けた。

　4年次の卒論作成では，多くの情報を勢い盛り込もうとするあまり，整理に難儀し，作業は停滞しがちとなった。その際も，現実的な優先順位づけに努めるよう助言し，進捗を促した。就職も希望した福祉職に内定したものの，自分が理想とした進路であったのかと葛藤することもあった。仕上げとなるまとめでは，再び全体の流れを意識し，かぎとなる知見に着目することに苦戦したが，助言をもとに，無事結論をたぐり寄せることができた。就職も福祉職に内定を得たものの，理想の進路であったか否か，再び葛藤を口にすることがあった。

＊　　　　　＊

　大学2年次から4年次にわたる関わりを通し，アセスメントに基づく自己理解を経験し，必要な学習戦略にかかわる助言を得て，進路決定と卒業論文提出を確かなものとする支援が提供された。

　②支援経過（ゼミ指導教員）

　ゼミでは自身の経験を背景に，ストレスコーピングに関連した内容について調査研究を行った。少しでも多くの文献資料に触れようとする姿勢は，読みに関わる負担を強め，検討事項の整理に苦戦し，混乱もみられた。かぎとなる論文を絞り込んで精査し，量より質を重視するよう読み方を助言した。序論（問題の設定）・目的（仮説）・方法（質問紙の選定）・結果（統計パッケージを用いた分析）・考察のいずれの過程においても，コーディネーターのバックアップを得たこともあり，他のゼミ生と比べて進捗状況は良好で，助言も積極的に求める等，主体的に取り組みを進めていた。あえて作業を早めようとする姿勢は，時間を要した過去のレポート作成の苦戦を念頭においた作業戦略ともなっていた。また，計画性という点で，仮説的なモデルをかかげての議論は，作業工程を具体的に視覚化する上でも，有益で精力的な取り組みにつながった。自身の判断のみで作業を進めてしまうところもみられ，その理由を確認する必要がときどき生じた。アセスメントで，認知的柔軟性の拙さも示唆されていたことから，本人の取り組みは熱意として汲み取

りつつ，可能な範囲で取捨選択もするよう助言に努めた。口頭試問の自信に満ちた姿から，レポート作成に必要な一連のスキル獲得が自助資源となったことを感じるとともに，理解のある友人の存在はかけがえのないものとの認識も共有した。なお，一時期は進路選択の葛藤もみられたが，その精力的な行動により，現実的な進路選択を確かなものにしたことには感心した。

＊　　　　　　　　＊

　本事例は優秀成績を収め卒業に至ったが，障害学生支援室におけるアセスメントと支援に関して，おもに読みの困難さと EF の拙さへの配慮に関する情報が指導教員とコーディネーターで十分に共有され，レポート作成の基本スキルと専門的指導の役割分担が機能したことがポイントとなった。卒業論文への取り組みも，基本的なライティングを中心にコーディネーターのサポートを得ていたことで，他の学生との公平性にも配慮しつつ，限定的な個別対応にとどめることができた。

　＊本事例の記載に際し，立正大学障害学生支援室会議の承認（立正大学障害学生支援室年報の一部転載許諾を含む）と島田直子・饒波圭祐両コーディネーターの協力を得ました。

（篠田晴男）

7　アセスメント結果を活用した修学支援における課題

修学支援ニーズと帰属環境

　日本学生支援機構の調査報告では，国内の大学における SLD のある学生は，欧米と比べて少数に留まり，その背景に日本語の文字表記の特性と進学困難が指摘されている（高橋，2019）。実際のところ，診断を有している例もあるが，学力試験を課されない推薦入試等の定員枠が多くなると，未診断のまま在籍し苦戦している例にも度々出会う。単位取得に必要な読み書きスキルそのものが十分でない学生も多くなると，紛れて見過ごされてしまう可能性は高い。仮に，レポート作成における困難さを抱えていても，訴えることを躊躇し，意思表明が難しい例もある。コロナ禍によるオンライン授業の実施の際には，いずれの学生にもレポート作成の負担が生じたが，潜在的

な支援ニーズとその理由にはつねに留意しておきたい。また，学部・学科が求める水準も一様ではないが，より高度な専門性を追求する大学院では，意味理解の深さも問われるため，読み書き等の限局性とされる問題により，能力を十分に発揮しにくいと判断される場合には，合理的配慮の検討が必要となろう。

アセッサー，コーディネーターに求められる専門性について

障害のある学生の支援では，学生相談における対応と比べ，修学形態の変化を把握し，対応していく作業が随時求められる。この間，コロナ禍によりオンライン授業は身近なものとなったが，ハイブリッド型やハイフレックス型と称される複合的な授業形態も登場した。教育的支援は拡大し，合理的配慮のあり方の再検討が生じた。今後も，ChatGPT をはじめとした生成 AIサービスの有効活用等，望まれる修学形態の変容も加速していくことが予想される。支援に際し，実際に教育・研究に従事する経験もこれまで以上に求められよう。専門職には，医療や福祉領域でのアセスメントや支援の経験に加え，高等教育における修学体制への理解を深める姿勢が欠かせない。その際，ピア・サポーターなど，学生として授業を受講する当事者性のある援助資源と協働する機会も重要となる。アセッサーやコーディネーターでも，授業を担当する機会があると，有効な教育上の取り組みを具体的に検討しやすいが，二重の業務負担が生じることもある。また，コーディネーターの雇用に，教育・研究歴を求める場合は，その活動を保障する雇用環境の調整も必要となる。なお，本章の【事例6】では，コーディネーターは，心理職としての専門性を有していたこともあり，アセッサーを兼ねた関わりとなっている。

コーディネーターと教員の協働について

コーディネーターの学歴が，支援する学生の専門領域と近い場合は，学生にとって，より踏み込んだ助言を得られる利点がある。逆に，専門領域がかけ離れている場合，学生や教員と見解の一致をみる上での苦労を抱えることもある。指導や担当の教員とは，役割分担について丁寧に意見交換をする必

要があり，アセスメントで得られる実証的な根拠を共有することは最も説得性が高く，標準的なアセスメントに限らず手書きとパソコン入力での比較検証等，アセスメントの労をいとわない姿勢は重要である。進路選択においても，発達障害の特性に基づくコーディネーターの助言は自己理解を深め，ジョブマッチングの一助となる。ただし，指導教員には，卒業生をはじめ，様々な進路に関する情報や人脈もあり，その助言と大きな齟齬が生じないよう情報共有にあたりたい。自己理解や進路の課題に，森田療法の適用が有効に作用したとの報告もあり，ストレスマネージメントや認知的柔軟性等の困難さを考えると，過度な思い込みを緩和する取り組みとして興味深い（松浦，2012）。

ライティング・スキル支援について

　米国，例えば，ジョージア大学ではアカデミック・エンハンスメントといういずれの学生も対象とした学習支援機関が，またアリゾナ大学 SALT センターでは，大学院生，卒業生，元教員等が，作文スキルを支援する援助資源となり活躍していた（高橋・篠田，2008）。ユニバーサルデザインによる多様な学びの支援か専門的支援サービスかという差異はあるものの，国内の大学でも類似の支援が提供されているところがあろう。ボランティア登録の形でこのような協力が得られると，予算上の問題も軽減でき，積極的に活用したいものである。

EF に関連したスキル支援について

　SLD，ADHD を中心に発達障害のある学生の教育に特化した米国ランドマーク大学では，ADHD コーチングが積極的に取り入れられている（高橋・篠田，2016）。近年は，EF の拙さに伴う認知的な課題処理の負担に伴うストレスに対し，その対処方略に詳しい専門のコーディネーターを養成し，EF に特化した支援ニーズに応じている。本章の【事例6】のように，大学入学までに獲得された学習戦略を繰り出し，読みの負担に対応できた学生でも，課題解決に必要となる高度な読みでは，EF を含む包括的な読み書き支援のニーズが生じやすい点は把握しておきたい。

併存性と多様性について

　学習障害は，Learning Differences へと，教育的な定義を再定義する流れを経て，診断概念を超えた多彩な支援ニーズが見込まれる。認知的なストレスに関する問題等も今後の課題であるが，獲得されたスキルにより支援ニーズが減じていくことは，大学における成長の証といえる。

学習面と情緒面の支援

　心理教育的な学習戦略だけでなく，育ちの悪戦苦闘にも目を向けると，累積した愛着関連の問題もうかがわれる例がある。対人関係では，親密性に関わる関係性がぎこちなく，望まないトラブルに展開することがある。居場所支援やピア・サポート支援など，情緒面の傷つきを癒し，健康な親密さにふれる体験も欠かせない。可能性を信じ，失敗ありきで前向きな取り組みを励ます安全・安心な場を障害のある学生の支援では提供したい。

（篠田晴男）

参考文献

松浦隆信（2012）．学習障害を抱える成人の障害受容および就労支援に対する森田療法の活用——理想と現実の葛藤への対応をめぐって．心理臨床学研究，30(1)，83-93.

中野泰伺・高橋知音・岡崎慎治・中島範子・脇 貴典・末吉彩香・松田奈々恵・竹田一則・佐々木銀河（2021）．大学生を対象とした「困りごと質問紙」の妥当性ならびに発達障害特性・認知能力との関連の検証．障害科学研究，45，31-41.

高橋知音・篠田晴男（2008）．米国の大学における発達障害のある学生への支援組織のあり方．LD 研究，17(3)，384-390.

高橋知音・篠田晴男（2016）．米国の大学における発達障害のある学生への支援．LD 研究，25(2)，293-297.

高橋知音（2019）．LD のある大学生への合理的配慮．小貫 悟・村山光子・小笠原哲志（編）LD の「定義」を再考する．金子書房，pp.116-123.

おわりに

　本書では高等教育における発達障害をめぐる現状と課題を踏まえて，障害に関連したアセスメントと，アセスメントに基づくオーダーメイドな支援の重要性について，多様な事例を交えて紹介した。アセスメントというと心理検査や知能検査をイメージする方も多いと思われるが，本書で述べているアセスメントは非常に包括的であることがわかるだろう。とても大変なイメージをもった方もいるかもしれない。それだけ，人を理解するということは簡単ではないし，どれだけ試みても理解できないこともあるかもしれない。それでも，学生や教職員，家族や周りの人にとっては目の前にあるはずなのに，目に見えない障害が何かを知りたい。だからこそ，見えない障害を見立てるアセスメントが必要である。

　本書では大学生という青年期・成人期のステージを軸にしてアセスメントの重要性を伝えている。発達障害に関するアセスメントの重要性については，療育や特別支援教育など子どもを対象とした分野ではこれまでも強調されてきた。しかし，大人になっても，あるいは大人になったからこそ，日々変わる自分と社会の関係性から自分のことがわからなくて悩む人もいる。本書で紹介してきた検査は標準化を行っているものがほとんどであり，標準化していない検査と比べて，いつでも，どこでも，同じような数値が得られる可能性が高い。つまり，検査によるアセスメントから世界地図のように，多数派社会（定型発達者と呼ばれる標準化データなど）における自分の現在地や社会との関係をつかむ手がかりが得られると考えてもよいだろう。アセスメントは異常−正常，定型−非定型のように人間をただ区別するものではなく，人間と社会（人間を取り巻く環境）の関係を示す地図を提供してくれるものであるといえよう。

　ただ，地図があっても，どこに歩んだらよいかわからないこともある。コンパスのように目指すべき方向がひとつに決まっているわけでもない。学生や教職員，家族などがアセスメントを通して同じ地図を一緒に眺めながら，学生が歩みたいゴールに向かって伴走をする支援が大切である。本書が大学

生と関わる皆様にとってのガイドマップになれば幸いである。

　筑波大学の佐々木祥子氏，末吉彩香氏，銭谷柳子氏，松田奈々恵氏にはアセスメント体制の立ち上げにあたり，多大な尽力をいただきました。また，井上操氏，諏訪絵里子氏，辻井美帆氏，半田タユ美氏にはアセスメントに関して貴重なご助言をいただきました。そして，金子書房の天満綾氏の多大なご尽力のおかげで書籍として形にできたことを嬉しく思います。この場を借りて，本書の執筆にあたり，ご協力いただいた皆様に心より感謝申し上げます。

　　　　2024 年 1 月

　　　　　　　　　　　　　　　　　　　　　　　　　　　編者一同

　本書の執筆にあたり，科研費（18H03653，21H04410）ならびに文部科学省機能強化経費（機能強化促進分）の助成を受けた。

索 引

編者紹介

高橋 知音（たかはし・ともね）

信州大学学術研究院（教育学系）教授。ジョージア大学大学院修了（Ph.D.）。公認心理師，臨床心理士，特別支援教育士 -SV。独立行政法人日本学生支援機構 障害学生修学支援実態調査・分析協力者会議委員，全国高等教育障害学生支援協議会理事，日本 LD 学会副理事長。

大学では教員養成，心理師養成に従事するとともに，研究では国内で初となる大学生年代を対象とした読み書きに関する検査を開発した。文部科学省の障害のある学生の修学支援に関する検討会では，3 回にわたって委員を務めた。

主な著書：『読み書き困難の支援につなげる 大学生の読字・書字アセスメント——読字・書字課題 RaWF と読み書き支援ニーズ尺度 RaWSN』（共著，金子書房），『発達障害の大学生のためのキャンパスライフ Q&A』（共著，弘文堂），『発達障害のある大学生への支援』（編著，金子書房），『発達障害のある人の大学進学——どう選ぶか どう支えるか』（編著，金子書房）ほか

佐々木 銀河（ささき・ぎんが）

筑波大学人間系准教授。博士（障害科学）。公認心理師，臨床発達心理士。

専門は発達障害であり，発達障害の診断や傾向のある大学生の支援に関する研究活動のほか，筑波大学ヒューマンエンパワーメント推進局業務推進マネージャーとして障害学生支援のマネジメント業務にも携わっている。特に，発達障害のある人を対象とした支援技術（Assistive Technology : AT）の開発や効果検証を行っている。

主な著書：『ヒトはそれを『発達障害』と名づけました』（編・解説，金子書房），『よくわかる！大学における障害学生支援——こんなときどうする？』（共著，ジアース教育新社），『合理的配慮ハンドブック——障害のある学生を支援する教職員のために』（分担執筆，ジアース教育新社）ほか

中野 泰伺（なかの・やすし）

筑波大学ヒューマンエンパワーメント推進局助教。博士（障害科学）。公認心理師，臨床発達心理士。

知的障害・発達障害のある児童生徒を中心とした生理心理学的アプローチや認知特性把握に基づく指導支援を専門とする。また，大学生を中心とした個別の心理教育的アセスメント，発達障害の診断や傾向のある大学生の修学支援に従事するとともに，文部科学省教育関係共同利用拠点（「ダイバーシティ & インクルージョン教育拠点」）の専任教員として，大学等の教職員を対象とした組織的な研修等を企画・実施している。

主な論文：「大学生を対象とした『困りごと質問紙』の妥当性ならびに発達障害特性・認知能力との関連の検証」（障害科学研究，45，31-41），「ADHD 児への認知特性評価に基づくセルフモニタリングの指導支援——ワークシートを用いた感情の可視化を通して」（障害科学研究，44，161-171）ほか

執筆者一覧

青木真純　　東京学芸大学　障がい学生支援室　　　　【1-5-1, 2-2-2, 3-1-2-3】

石原章子　　筑波大学大学院　人間総合科学研究科　　　【3-1-2-4, 3-3-1-1】

岡崎慎治　　筑波大学　人間系　　　【1-3-3, 1-3-4, 3-1-2-4, 3-3-1-1】

龔　麗媛　　筑波大学大学院　人間総合科学研究科　　　【4-2-1, 4-2-2】

佐々木銀河　編　者　　　　【1-2, 2-4, 4-2-1, 4-2-2, 4-5】

澤江幸則　　筑波大学　体育系　　　　　　　　　　　【1-4-1, 1-4-2】

三盃亜美　　筑波大学　人間系　　　　　　　　　　　【1-3-5, 1-3-6】

篠田晴男　　立正大学　心理学部　　　　　　　　　　【3-4, 5-6, 5-7】

高橋知音　　編　者　　　【1-6, 2-2-1, 2-2-3, 2-4, 3-1-1, 3-1-2-1,
　　　　　　　　　　　3-1-2-5, 3-1-3, 3-3-1-2, 3-5, 4-2-1, 4-2-2】

竹田一則　　筑波大学　人間系　　　【1-1, 1-5-2, 1-5-3, 1-5-4】

立脇洋介　　九州大学　アドミッションセンター　　　　　　　【4-2-3】

中島範子　　一橋大学　障害学生支援室　　　【4-1, 4-3-1, 4-4, 5-4, 5-5】

永冨大舗　　鹿児島国際大学　福祉社会学部　　　　　　【4-2-1, 4-2-2】

中野泰伺　　編　者　　　【2-1, 2-3-1, 2-3-2, 2-4, 3-2,
　　　　　　　　　　　3-3-1, 3-3-2, 3-6, 3-7, 5-1, 5-2】

野呂文行　　筑波大学　人間系　　　　　　　　　　　【1-3-1, 1-3-2】

藤原あや　　福岡教育大学　障害学生支援センター　　　　【3-1-2-2】

宮本昌子　　筑波大学　人間系　　　　　　　　　　　【1-4-3, 1-4-4】

望月直人　　大阪大学　キャンパスライフ健康支援・相談センター

　　　　　　　　　　　　　　　　　　　　　　　【2-3-4, 4-3-2】

脇　貴典　　筑波大学　ヒューマンエンパワーメント推進局

　　　　　　　　　　　　　　　　　　　　　　　【2-3-3, 4-6, 5-3】

（五十音順，所属は 2024 年 3 月現在，執筆箇所は【章-節-項】の順に記載）

発達障害のある大学生のアセスメント

理解と支援のための実践ガイド

2024 年 3 月 29 日　初版第 1 刷発行　　　　　　　　　　〔検印省略〕

編　者　　高 橋 知 音

　　　　　佐々木銀河

　　　　　中 野 泰 伺

発行者　　金 子 紀 子

発行所　　株式会社 金子書房

　　　　　〒 112-0012　東京都文京区大塚 3-3-7
　　　　　TEL 03（3941）0111 ㈹
　　　　　 FAX 03（3941）0163
　　　　　https://www.kanekoshobo.co.jp
　　　　　振替 00180-9-103376

印　刷　　藤原印刷株式会社　　製　本　　有限会社井上製本所